山地城市轨道交通
建造施工技术与应用

主编 卢智强 陈迎波 李 桂

重庆大学出版社

内容提要

本书围绕山地城市的城市形态和地质环境，主要论述了山地城市轨道交通建造施工工法与工程应用，介绍了超大断面暗挖轨道交通车站施工工法、中间岩柱施工工法、隧道高大核心土拆除工法、拱盖施工工法、悬臂式掘进机施工方法、叠置隧道施工与支护方法、浅埋暗挖隧道洞内基础桩施工技术、深回填区浅埋暗挖隧道施工技术、双线盾构隧道出渣方法，为山地城市轨道交通建造提供技术支撑，相关技术可以在类似工程中推广应用。

本书可供高等院校、科研院所、工程单位的研究生、技术人员、科研人员学习使用。

图书在版编目（CIP）数据

山地城市轨道交通建造施工技术与应用 / 卢智强，

陈迎波，李桂主编 . –– 重庆：重庆大学出版社，2024.4

ISBN 978-7-5689-4314-7

Ⅰ . ①山… Ⅱ . ①卢… ②陈… ③李… Ⅲ . ①山区城

市—城市铁路—工程施工—重庆 Ⅳ . ① U239.5

中国国家版本馆 CIP 数据核字 (2023) 第 256824 号

山地城市轨道交通建造施工技术与应用

SHANDI CHENGSHI GUIDAO JIAOTONG JIANZAO SHIGONG JISHU YU YINGYONG

主 编 卢智强 陈迎波 李 桂
策划编辑：许 璐
责任编辑：杨育彪 版式设计：许 璐
责任校对：谢 芳 责任印制：张 策

*

重庆大学出版社出版发行
出版人：陈晓阳
社址：重庆市沙坪坝区大学城西路21号
邮编：401331
电话：（023）88617190 88617185（中小学）
传真：（023）88617186 88617166
网址：http：//www.cqup.com.cn
邮箱：fxk@cqup.com.cn（营销中心）
全国新华书店经销
重庆升光电力印务有限公司印刷

*

开本：720mm × 1020mm 1/16 印张：8.75 字数：169千
2024年4月第1版 2024年4月第1次印刷
ISBN 978-7-5689-4314-7 定价：78.00元

编委会

前　言

　　随着城市人口的增多，城市规模不断扩大，重庆、贵阳、昆明、南宁等山地城市在轨道交通建设中，地下车站、线路下穿古建筑、高速公路、铁路、河流、居民小区、油气管道，施工环境等与平原城市相比，线路较复杂、高程变化较大。受地形地貌的影响，山地城市轨道交通线路在风化岩层、土层、回填土、地面高架、跨江大桥中穿梭，地下车站、区间隧道、出入口、通风口的设计与平原地区差别较大，存在施工方法的差异。本书以重庆轨道交通9号线为研究背景，介绍了超大断面轨道交通车站、区间隧道施工工法的创新与应用。

　　本书共8章，第1章绪论，介绍了重庆轨道交通9号线一期的工程概况、大跨度轨道交通车站施工工法、关键技术创新；第2章介绍了超大断面暗挖轨道交通车站双侧壁导坑快速施工工法；第3章介绍了超大断面暗挖轨道交通车站高大核心土拆除工法；第4章介绍了软岩地区超大断面轨道交通车站拱盖施工工法；第5章介绍了轨道交通暗挖车站施工通道进正洞门字架挑顶施工工法；第6章介绍了城市轨道交通工程区间隧道施工方法；第7章介绍了盾构出洞大高差顶升施工工法；第8章介绍了双线盾构隧道单一竖井整体始发出渣施工工法。

　　本书立足"复杂地质条件下地铁工程智慧施工与绿色建造关键技术研究与应用"等项目，凝聚了重庆轨道九号线建设运营有限公司、中国建筑股份有限公司、中国建筑第五工程局有限公司、中国建筑第四工程局有限公司、中国建筑第六工程局有限公司、中国建筑第八工程局有限公司、中建隧道建设有限公司、中建交通建设集团有限公司、重庆市轨道交通设计研究院有限责任公司、重庆大学等项目建设者和研究人员的智慧，我们期待通过本书的出版和传播，给广大轨道交通建设者带来启发与帮助，指导我国山地城市轨道交通建设。

限于作者水平，书中难免有欠妥之处，恳请读者不吝指正。

编委会

2024 年 1 月

目 录

第7章
盾构出洞大高差顶升施工工法

第8章
双线盾构隧道单一竖井整体始发出渣施工工法

第1章 · 绪 论

1.1 研究意义

　　山地城市是指分布在山地、丘陵区域的城市，其地表不平、地形复杂多变，与平原城市存在迥然不同的城市形态和地质环境，我国的省会或直辖市是山地城市的有：贵阳、乌鲁木齐、南宁、重庆等，其中重庆地貌以丘陵、山地为主，长江、嘉陵江横贯主城区，有"山城"之称，属于典型的山地城市。

　　随着城市化进程的推进，城市规模不断扩大，城市人口不断增加，随之出现的交通拥堵问题日趋严重。为了打造畅通城市，越来越多的国家和地区开始把地下交通作为解决交通拥堵的途径，我国已有北京、上海、广州、深圳、南京、香港、重庆、武汉、天津、成都、郑州、西安、杭州、昆明、宁波、长沙、贵阳、哈尔滨、沈阳、长春、南昌、南宁、合肥、大连、苏州、东莞、无锡、福州、青岛、佛山等城市开通轨道交通，且发展速度越来越快。

　　重庆市制定了《重庆市主城区轨道交通线网控制性详细规划》，即"九线一环"。重庆轨道交通 1 号线、2 号线、3 号线、4 号线一期、5 号线一期北段、6 号线、10 号线一期、环线、18 号线已开通运营，正在建设 5 号线一期、6 号线支线二期、9 号线一期、10 号线二期、27 号线等。在轨道交通建设中，重庆轨道交通 2 号线是中国西部地区第一条城市轨道交通线路，也是中国第一条跨座式单轨线路，全长 31.36 km，受地形起伏的影响，全程高差约 25 m，其中李子坝站是国内第一座与商住楼共建共存的跨座式单轨高架车站，出现"单轨穿楼"，成为重庆的网红景点；重庆轨道交通沙坪坝站周边有多座建筑物，是环线、1 号线、9 号线上的一座车站，出现三线相互换乘，三个站厅、出入口、联络通道和通风口立体交叉，施工特别复杂；轨道建设中涌现出许多超大断面隧道，车站施工难度大，例如：重庆轨道交通大坪站断面为 430 m^2、临江门站断面为 420.9 m^2、红旗河沟站断面为 730 m^2、头塘站断面为 681 m^2，与以往修建的隧道相比，超大断面轨道交通车站的建设，在隧道的力学行为、断面形式、衬砌结构、施工工法、支护结构模式、支护参数等方面出现了新的、更高的要求；重庆轨道交通5号线北延伸段是重庆首个成功挑战TBM隧道掘进机连续下穿400 m超长距离深回填土区域盾构施工项目，中央公园西站—椿萱大道站区间土层结构松散、均匀性差、承载力低、沉降风险大，盾构掘进时犹如在"沼泽"中行走；重庆轨道交通9号线一期工程红岩村站位于红岩村纪念馆附近，采用拱盖法施工，站台层、站厅层、出入口通道三大板块527 m²，为打造红岩文化主题车站，展现红岩文化和红岩精神，选取16个重要历史事迹和24位革命先烈进行艺术创作；重庆轨道交通10号线中央公园西站主体为地下四层双柱岛式站台三跨明挖结构形式，从负四层到负一层分别为车站站台层、车站站厅层、车站设备层、车站配套设施层，和以往的车站与周边商业接口在车站出入口通道接驳的形式不同，出入口与公共车站、商圈停车场实现无缝衔接。

鉴于重庆地形、地貌、地质条件的特殊性，地层、地下管网、地面建筑物和交通的复杂性，轨道交通线路在风化岩层、土层、回填土、地面高架、跨江大桥中穿梭，地下车站、区间隧道、出入口、通风口的设计与平原地区差别较大，存在施工工法的差异。本书以重庆轨道交通9号线一期为工程背景，对超大断面暗挖轨道交通车站施工工法、中间岩柱施工工法、隧道高大核心土拆除方法、拱盖施工工法、悬臂式掘进机施工工法、叠置隧道施工与支护方法、双线盾构隧道单一竖井整体始发出渣施工工法进行了创新与应用，结合重庆轨道交通9号线一期工程设计的车站和区间隧道，对以上工法的施工过程进行了详细介绍和论述。其山地城市轨道交通施工工法的创新，可以在类似工程进行推广应用，将产生更大、更深远的社会效益、环境效益和经济效益。

1.2　工程概况

重庆轨道交通9号线一期工程全长33.876 km，起于沙坪坝区新桥站，途经渝中区、江北区，止于渝北区兴科大道站；二期全程位于渝北区，起于兴科大道站，止于花石沟站，如图1.1所示。重庆轨道交通9号线一期工程串联了沙坪坝城市副中心、化龙桥、观音桥城市副中心、江北城中央CBD、回兴等区域。重庆轨道交通9号线一期设置新桥、高滩岩、天梨路、沙坪坝、小龙坎、土湾、红岩村、富华路、化龙桥、李家坪、蚂蝗梁、观音桥、鲤鱼池、刘家台、江北城、五里店、溉澜溪、头塘、保税港、邮轮母港、何家梁、石盘河、上湾路、青岗坪、宝圣湖、兴科大道26个站。

图 1.1　重庆轨道交通 9 号线站点图

重庆轨道交通 9 号线一期工程穿越主城 4 区，横跨嘉陵江，全程标高差约 20 m，地形起伏较大，车站与区间隧道围岩为风化砂质泥岩层、土层、松散回填土，其典型车站基本情况如下。

（1）高滩岩站

高滩岩站位于重庆市沙坪坝区都市花园路与都市花园西路交叉路口东北角，燕渝苑小区主大门前的都市花园西路正下方，沿都市花园西路南北向敷设。车站周边现状为成熟居住区，附近有西南医院、陆军军医大学、覃家岗小学等。车站大小里程端区间均为钻爆法区间，车站总长度 245 m，埋深 19.8~28.6 m，洞顶中等风化基岩 13.4~23.3 m。车站形式采用地下两层岛式车站，采用复合式衬砌，车站最大净宽 23.24 m，最大净高 19.92 m，为曲墙＋仰拱的马蹄形断面，开挖面积达 395.46 m²，设计采用双侧壁导坑法进行开挖。

（2）红岩村站

红岩村站位于重庆市渝中区，为重庆轨道交通9号线一期工程的第7座车站。车站位于经纬大道和沙滨路之间。车站东边为协信云栖谷小区，西边为协信阿卡迪亚小区，南向为汽配厂宿舍区，北向为规划环形道路通往沙滨路，此外东北侧紧邻轨道交通5号线与红岩村纪念馆。车站埋深较深，最大埋深超过100 m，地质条件较好，主要岩层为砂岩和砂质泥岩。车站为地下两层暗挖车站，地下一层为站厅层，地下二层为站台层，车站总长262.3 m，总宽21.8 m，中心里程处车站轨面埋深约106.37 m，车站采用13 m岛式站台，长度140 m，单拱双层结构，车站隧道采用复合式衬砌，开挖净宽24.24 m，开挖高度21.23 m。车站共设2座风道，4个出入口，1个换乘通道，9个安全出入口。车站开挖工法采用初支拱盖法，以实现软岩地区深埋暗挖车站安全高效开挖。

（3）蚂蝗梁站

蚂蝗梁站位于重庆市江北区，场地周边城市道路四通八达，交通方便，地面已被城市道路及建筑物所覆盖。地形整体较为平缓，坡角3°~8°，局部堡坎可达40°~60°，沿线地面高程230~290 m，相对高差约60 m。车站全长212.0 m，为地下岛式车站，采用马蹄形断面，洞高约19.5 m，洞宽22.6 m，开挖断面面积约440 m²，为暗挖隧道，采用钻爆法施工。车站设风道2座、人行通道4座、施工斜井2座（主通道及支通道各1座）。

（4）观音桥站

观音桥站为直墙圆拱暗挖隧道断面，采用复合式衬砌，主体长244.4 m，有效站台宽15 m，开挖宽度26.1 m，开挖高度22.47 m，拱顶埋深15~22 m，开挖断面达504 m²。隧道围岩主要为砂质泥岩夹薄层砂岩，围岩基本分级为Ⅳ级。该站具有超大断面、浅埋大跨隧道、周边环境复杂、处于轨道交通控制保护区内、技术难度大和工期紧等特点。

（5）刘家台站

刘家台站是重庆轨道交通9号线一期工程的中间站，呈东西向布置，车站小、大里程端分别接鲤鱼池站—刘家台站、刘家台站—江北城站矿山法区间。刘家台站位于北城路下方，北城路现状道路宽约20 m，两侧为珠江太阳城和中冶重庆早晨居民小区，地面交通繁忙，为保证周边居民正常出行及缓解周边交通压力，北城路无法完全封闭，不具备明挖法施工条件，采用半盖挖顺作法施工工艺。车站为地下两层双跨岛式车站，总长约323.0 m，标准段宽约22.5 m，结构高14.8~22.1 m，结构最浅埋深约2.8 m，结构基坑开挖最大深度约26 m，围护结构采用"桩+内支撑"的支护形式。

（6）五里店站

五里店为明暗挖结合车站，总长 215.4 m，其中暗挖段长 139.4 m，明挖段长 76 m，站台宽 13 m。车站暗挖段型式采用地下 2 层岛式车站，暗挖段拱顶埋深 10.2~12.48 m，为浅埋隧道，单拱大断面，复合式衬砌，按照Ⅳ级围岩进行设计，分Ⅳ$_A$、Ⅳ$_B$两种断面，采用双侧壁导坑法施工。Ⅳ$_A$断面开挖面积为 421.38 m^2，Ⅳ$_B$断面开挖面积为 433.59 m^2，均属超大断面。洞身范围内主要为中等风化砂质泥岩夹薄层砂岩，洞口段隧道顶部主要为素填土，局部为强风化砂质泥岩。

（7）邮轮母港站

因经济发展规划的需求，在保税港站—何家梁站区间隧道增设邮轮母港站，车站为原位扩挖大跨度隧道。邮轮母港站距离保税港站约 0.9 km、距离何家梁站距离约 0.7 km，周边大多为仓储场地。项目原有区间隧道为曲墙式，宽 6.3 m，高 6.8 m，原位扩挖形成站台主体（曲墙式，宽 13.4 m，高 11.6 m），两站台隧道之间的净距仅 5.7 m。邮轮母港站采用厅台分离侧式车站，车站站台层改造长度 176 m，侧站台标准段总宽 10.7 m，中心里程处车站轨面埋深约 43.6 m。车站北侧设置 3 个出入口，南侧设置一个地下通道连通南侧地块。站厅层南侧设站前广场，1、2 号出入口位于车站北侧向规划商业地块和居住地块延伸。设置 2 组风亭组，风亭组出口设置在车站的站前广场。

1.3 轨道交通车站施工工法

根据地质情况、隧道开挖断面、围岩分类，特大断面和超大断面隧道常采用以下施工工法。

（1）三台阶七步开挖法

三台阶七步开挖法是轨道交通车站大断面常用的施工方法之一，该工法是以弧形导坑开挖留核心土为基本模式，分上、中、下 3 个台阶 7 个开挖面，各部位的开挖与支护沿隧道纵向错开、平行推进的隧道施工方法，施工步序如图 1.2 所示。

三台阶七步开挖法适用于开挖断面为 100~180 m^2，具备一定自稳条件的Ⅳ、Ⅴ级围岩地段隧道的施工，其主要包括黄土、强风化岩层。

（2）中隔墙法

中隔墙法（CD 工法）主要适用于地层较差和不稳定岩体、地面沉降要求严格的地下工程施工。当 CD 工法不能满足要求时，可在 CD 工法基础上加设临时仰拱，即交叉中隔墙法（CRD 工法）。中隔墙法是指先分部开挖隧道一侧，并施作临时中隔墙，当先开挖一侧超前一段距离后，再分部开挖隧道另一侧的开挖工法。CD工法以台阶法为基础，将隧道断面从中间分成4~6个部分，使上下台阶左右各分成2~3个部分，每一部分开挖并支护后形成独立的闭合单元，施工步序如图1.3所示。该工法适用于较差地层，如采用人工或人工配合机械开挖的Ⅳ~Ⅴ级围岩，浅埋、偏压及洞口段。

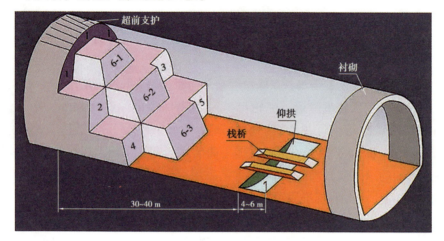

图1.2　三台阶七步开挖法的施工步序

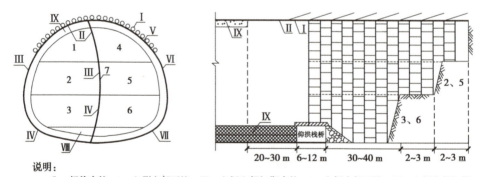

说明：
　Ⅰ—超前支护；1—左侧上部开挖；Ⅱ—左侧上部初期支护；2—左侧中部开挖；Ⅲ—左侧中部初期支护；3—左侧下部开挖；Ⅳ—左侧下部初期支护；4—右侧上部开挖；Ⅴ—右侧上部初期支护；5—右侧中部开挖；Ⅵ—右侧中部初期支护；6—右侧下部开挖；Ⅶ—右侧下部初期支护；7—拆除中隔墙；Ⅷ—仰拱及填充混凝土；Ⅸ—拱墙二次衬砌

图1.3　中隔墙法的施工步序

（3）双侧壁导坑法

双侧壁导坑法是指先开挖隧道两侧的导坑，并进行初期支护，再分部开挖剩余部分的施工方法。其原理是利用两个中隔壁把整个隧道大断面分成左、中、右3个小断面施工，左、右导洞先行，中间断面紧跟其后；初期支护仰拱成环后，拆除两侧导洞临时支撑，形成全断面。

施工时，先开挖两侧的侧壁导洞，在导洞内按台阶法施工，开挖后及时施工初期支护结构，在初期支护的保护下，逐层开挖下台阶至基底，并施工仰拱或底板，施工过程中，应注意控制左右侧壁导洞错开距离，双侧壁导坑法的施工步序如图1.4所示。

双侧壁导坑法开挖适用于地层较差、断面较大的车站或隧道。重庆市暗挖车站多为Ⅳ~Ⅴ级围岩的大跨度浅埋隧道，采用双侧壁导坑法能够控制地表下沉，保持掌子面的稳定，安全可靠，技术比较成熟。

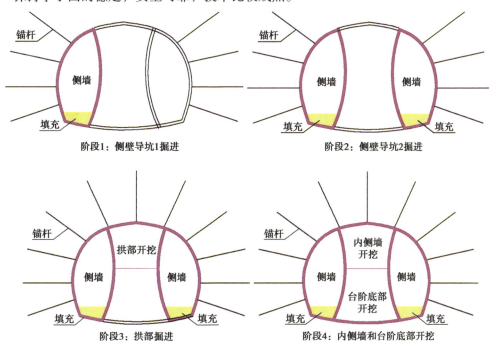

图1.4 双侧壁导坑法的施工步序

（4）拱盖法

拱盖法又称先拱后墙法，是指在施工中先开挖拱部断面并及时砌筑顶拱，以支护顶部围岩，然后在顶拱保护下开挖下部断面和砌筑边墙。其原理为：充分利用下覆围岩的承载能力和稳定性，在弱爆破的条件下进行扣拱施工；二衬两端以大拱脚的形式坐落在稳定和完整的基岩上，大拱脚纵向形成纵梁，扣拱完成后，在拱盖的保护下向下爆破开挖，拱盖法的施工步序如图1.5所示。

拱盖法施作时的主要步序为：先利用双侧壁导坑法分部开挖拱部岩土，待拱部初期支护闭合后及时施作大拱盖，然后在拱盖的保护下，逐层向下开挖岩土，施作初支和侧墙二衬，最后二衬闭合，施作车站内部结构。

拱盖法主要适用于岩土条件为上软下硬，拱部岩石抗压强度能承受拱座处较高支承应力的大跨度隧道，以及坚硬岩层大跨度和高度较大的隧道施工。

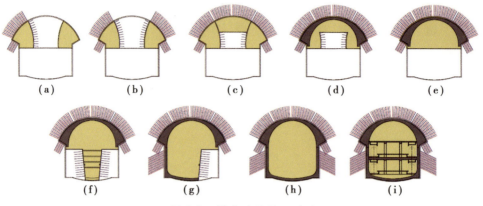

图 1.5　拱盖法的施工步序

（5）隧道 T 形岩梁岩柱施工工法

隧道 T 形岩梁岩柱施工工法步骤如图 1.6 所示，从图中可以看出，工法主要由以下步骤组成。

①开挖工程断面的左侧及右侧岩体，使工程断面形成预留 T 形岩梁岩柱，开挖形成的双洞隧道侧壁采用锚索加注浆锚杆进行联合支护。

②对步骤①中的联合支护的侧壁施工防水、工字钢及二衬结构进一步加固，并回填土石料将开挖处填满、压实，然后在压实表面施工素混凝土。

③开挖 T 形岩梁岩柱的 T 形两侧区域，在开挖处的两侧壁采取注浆锚杆支护加固。

④分段间隔开挖 T 形岩梁岩柱的 T 形顶部区域，如在重庆轨道交通 4 号线头塘车站的拱顶采取注浆锚杆支护加固，对 T 形两侧壁及拱顶施工防水、工字钢。

⑤施作拱顶二衬结构。

⑥开挖 T 形岩梁岩柱的 T 形中部区域，清出回填土石料，施工工程底部的防水、工字钢及二衬结构。

⑦施工洞内结构。

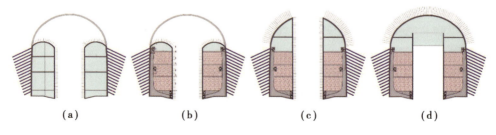

（a）　　　　　　（b）　　　　　　（c）　　　　　　（d）

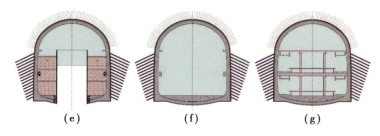

图 1.6　隧道 T 形岩梁岩柱施工工法步骤

以重庆轨道交通 4 号线头塘站为例，各步开挖和支护的关键措施如下。

①将超大断面隧道先行开挖的区域放在了隧道的下半断面，左右导洞的断面约为 16 m（高）×8 m（宽），该断面高度适中，采用三台阶开挖难度低，宽度较为适合，满足大型设备进出的需求。中部预留 10 m 宽的岩柱，该宽度能够较完整地保存岩体，使 T 柱的中部岩柱能对上部变形提供足够的竖向支撑。两侧导洞开挖是实施全面开挖的基础和核心，高度、宽度与后续的支护和回填紧密相关，是设计方案实施的第一步，如图 1.7 所示。

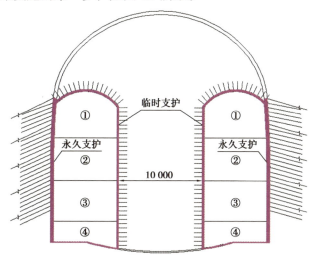

图 1.7　两侧导洞开挖

②在完成开挖后，随即对岩层延顺向滑动的结构面进行了锚索加固处理，这种处理方案结合了岩石高边坡的破坏模式及经验，考虑隧道高侧壁引起的顺层滑动推力，采用锚索进行支护。在完成锚索支护和二衬及防水之后，直接对开挖的导洞进行了回填处理，如图 1.8 所示。值得注意的是，在洞内回填过程中，考虑洞渣分层碾压的实施空间和难度，在设计中增加了三道素混凝土板，均匀分布在回填的三个标高上，起到对岩石水平变形的刚性支撑作用，同时最上部的素混

凝土板后期还可以兼作二衬台车的施工底板。

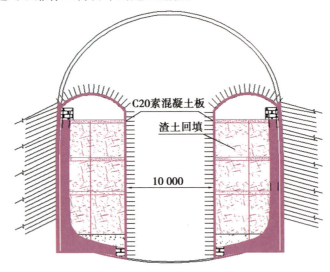

图 1.8　两侧导洞回填示意图

③在回填后，进行了步骤③ T 柱两侧的开挖。由于下部的导洞已回填密实，此时的上部导洞的稳定性良好。

④ T 形顶部区域的开挖是整个工法实施的关键，因开挖顶部核心土后，形成一个大跨度的拱顶断面，此段面开挖成型后将加大塌落拱高度，增加拱顶围岩的压力。特别在浅埋段，上部岩层覆盖较薄时，土层的垂直压力更为直接地传递到了初期支护上，因此，根据隧道拱顶岩石的覆盖厚度提出了两种不同的施工工法措施：

a. 在岩石覆盖较厚的区域，施工工法采用开挖支护后立即施作二衬的方式，利用岩石在隧道纵向的空间效应，依次循环推进，保障结构的安全；

b. 在岩石覆盖较薄的区域，采用分段间歇开挖并施作二衬，在纵向上预留岩柱核心土，从根本上避免拱顶大范围荷载增大，如图 1.9 所示。

⑤隧道断面二衬台车和人员施作的高度都控制在 12 m 以内，台车浇筑的二衬钢筋混凝土的质量小，施工难度较二衬整体成型已大大降低。二衬完成后与下部断面已经施作的部分连接成一个整体，隧道支护强度有了较大提升，此时大断面隧道的主要支护已经基本成型。

⑥拱部二衬完成后，开挖隧道中部剩余的核心土和回填洞渣将变得简单。在开挖至拱底后，由于二衬的仰拱封闭需要一定过程，此时预先施作隧道两侧岩石中的锚索再次发挥作用，限制顺层岩石的水平荷载对隧道二衬侧壁造成的影响。

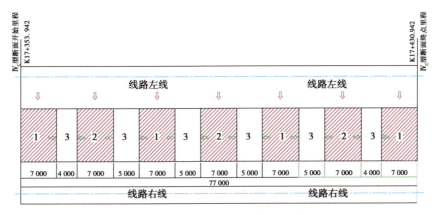

图 1.9　浅埋段拱部分段开挖平面布置图

⑦仰拱闭合后，隧道二衬封闭成环，安全性得到极大提升，此时设计要求应及时施作隧道的站内结构，通过站厅结构板的水平刚度，为隧道衬砌进一步提供水平约束。因考虑到内部结构的水平支撑作用，在隧道设计之初，就将侧壁和内部结构板的连接方式考虑为刚性连接，并在步骤②的衬砌浇筑时为后续的内部结构预留了钢筋和接头。

（6）隧道十字岩柱施工工法

隧道十字岩柱施工工法是将超大断面隧道开挖通过十字岩柱转化为 5 步开挖的一种新方法，是由双侧壁导洞法演变而来的，其主要的区别在于将原来的左、右导洞上、中、下分部顺序开挖改变为先对角开挖，再进行中部解除。隧道十字岩柱工法在重庆市轨道交通 3 号线红旗河沟站得到应用，确保超大断面隧道开挖围岩的稳定性，开挖流程如图 1.10 所示。

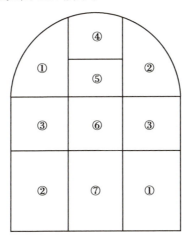

图 1.10　隧道十字岩柱工法开挖流程

隧道十字岩柱施工工法的基本思想是利用十字岩柱自由承载能力对隧道提供水平向、竖向支撑，抑制隧道围岩变形，通过改善围岩及其他内岩受力状态，提高围岩的自承能力，抑制隧道围岩变形，提高隧道施工过程稳定性。该工法的特点如下：

①与传统双侧壁导坑法相比，采用对角导坑同时开挖，可充分利用大断面隧道特性，增加开挖工作面，加快隧道开挖速度，有效缩短施工工期。

②充分利用天然十字岩柱或通过加固的十字岩柱对隧道提供水平竖向支撑，减少隧道水平收敛变形和拱顶沉降，确保隧道施工期间的安全。

③利用了十字岩柱的自身承载能力取代了部分或全部临时内部支撑的作用，节约工程材料成本。

④利用隧道下导洞先施工局部仰拱和部分边墙后再解除岩柱，从而降低隧道二衬断面的高度，解决了超大断面模板台车施工的难题。

1.4　关键技术

在城市轨道交通超大断面车站暗挖施工中，传统的工法面临施工速度慢、施工机械操作不方便、施工风险系数大等难题。本书以重庆轨道交通 9 号线一期工程为研究背景，通过创新与优化工法，改变开挖顺序、调整核心土支护形式、减少临时横撑数量及选择施作时机、设置可快速拆卸和循环使用的临时竖向支撑等方式，有效控制超大断面暗挖车站、区间隧道围岩变形，保障施工安全，加快施工进度，降低施工风险和成本。本工程形成的关键技术与创新如下。

（1）超大断面暗挖轨道交通车站双侧壁导坑快速施工工法

改进的双侧壁导坑法在重庆轨道交通 9 号线一期工程五里店站成功应用，该方法通过调整施工步序、优化核心土形式、采用可快速转换的临时钢支撑、优化临时横撑施作时机，避免传统双侧壁导坑法解除上部核心土过高难题，提高了核心土拆除施工安全，同时加大了作业空间，降低了施工难度，有效地缩短了工期，降低了工程造价，具有广阔的应用前景。

（2）超大断面暗挖隧道高大核心土拆除工法

该工法在重庆轨道交通 9 号线一期工程观音桥站成功应用，将隧道双侧壁导坑法的弧形上部核心土形状改为竖直布置，缩短核心土顶部宽度，为核心土拆除提供有利条件；调整双侧壁导坑法对核心土的拆除顺序，充分利用岩体自身承载力及开挖时空效应，在上部导坑施工过程中合理横向提前解除核心土部位，形成联络通道；提前拆除部分核心土，利用封闭支护及预留的核心岩柱形成安全稳定的空间，为围岩及初支稳定提供充足时间，确保二衬施工前初支变形稳定，减少初支及围岩变形对二衬结构的影响。

（3）轨道交通车站中间钢管立柱开挖方法

该方法在重庆轨道交通9号线一期工程李家坪站成功应用，采用中间钢管立柱支撑已解除的核心岩柱，充分利用上台阶开挖过程操作平台便于施工操作，较传统核心土解除需从正面解除有较为安全的操作面，有效降低高空作业安全风险和施工难度；提高工效，整体高大核心土拆除工效由原来的 1.5 m/ 天提高到了 2.5 m/ 天。

（4）软岩大断面轨道交通车站拱盖施工工法

该工法结合传统 CRD 工法、双侧壁导坑法的优点，利用初期支护扩大拱脚构建大拱脚受力体系形成"拱盖"，分阶段受力，解决了传统大断面隧道初期支护未落底前，须临时封闭成环，减少应力集中的现象。该工法在重庆轨道交通9号线一期工程红岩村站成功应用，临时支护工程量大大减少，降低了施工过程中的安全风险，工期缩短了 3.7 个月，对今后类似软岩大断面隧道工程的设计、施工及舒适度评价具有指导意义。

（5）轨道交通车站暗挖施工通道进正洞门字架挑顶施工工法

该工法车站横通道采用门型钢架形式支护，在门型钢架上焊接型钢加腋使结构达到更好的受力状态，边挖边立门字架并喷锚，形成门字架支护体系，确保车站主体挑顶安全施工，防止拱架下沉。该工法在重庆轨道交通9号线一期工程李家坪站、蚂蝗梁站成功应用，避免常规做法临时钢拱架多次拆除的过程，节省了工期，创造了良好的社会效益与经济效益。

（6）轨道交通工程暗挖隧道悬臂式掘进机施工方法

该工法适用于围岩单轴抗压强度小于 100 MPa 的暗挖区间隧道施工，尤其对中风化泥岩、泥灰岩、砂岩等中等硬度以下的围岩，采用机械化作业，效率高、机动性强，不受人力资源、炸药管控等因素制约；掘进机掘进对隧道围岩控制较准确，开挖轮廓平整度、圆顺度较好，能有效地减少喷射混凝土的超方量，节约施工成本，经济效益高，施工安全有保障，施工效率可达 25~40 m³/h。

（7）轨道线路区间叠线段隧道施工与支护方法

针对轨道线路区间叠线段隧道施工围岩稳定性，采用台阶法＋临时支撑开挖左上节，上台阶开挖完成后施作竖向洞内桩及桩顶钢筋混凝土冠梁，保障隧道施工安全。衬砌结构中板达到设计强度后拆除洞内桩、钢管桩、钢筋混凝土冠梁。该工法应用在重庆轨道交通9号线一期工程江北城站—五里店站区间隧道，区间隧道下穿已建设的重庆轨道交通6号线和重庆轨道交通环线，确保小间距区间叠线段隧道运营安全。

（8）浅埋暗挖隧道洞内基础桩施工技术

针对深回填区隧道内轨道地基的稳定性与安全，提出了浅埋暗挖隧道洞内基础桩施工技术，洞内桩采用地质钻机解决了传承旋挖成孔、冲击成孔、人工挖孔无法完成的桩基作业任务，设备占地少，可多台设备同步作业，极大地提高了施工效率；施工过程泥浆采用压滤机处理，环境污染大幅度减小。

（9）深回填区浅埋暗挖隧道施工技术

针对深回填区浅埋暗挖隧道的难题，提出了开挖采取超前大管棚＋帷幕注浆＋小导管注浆＋环形开挖预留核心土法＋临时仰拱方式的施工方法，采用加强支护形式的暗挖施工，可大幅度提前隧道施工时间，较明挖施工节约工期约3个月；开挖工效正常施工时可达到2榀/天，整体施工工效大于明挖施工；该方法极大程度地解决了管线改迁问题，节约管改工期；深回填区防排水施工采用防水＋排水型相结合的方式，采用全包防水应加强防水施工质量管控；在严格按开挖工法施工，及时进行支护、加强监测的前提下，安全风险处于完全受控状态。

（10）轨道交通工程盾构出洞大高差顶升施工方法

针对盾构机在暗挖车站无法直接吊运至地面的难题，提出了盾构出洞大高差顶升施工方法，该方法采用液压千斤顶完成盾体平移、转体、顶升等一系列操作，通过液压千斤顶将盾体顶起，在盾体下面铺设型钢，将盾体放下后在千斤顶下垫放钢支撑柱脚再将盾体顶升这样循环的方式，最终将盾体顶升约2m，打破了已有的顶升记录，在重庆轨道交通9号线一期工程蚂蝗梁站盾构吊运出井施工中成功应用，取得了良好的社会效益和经济效益，为盾构出洞平移、转体、大高差顶升施工积累了宝贵的经验。

（11）双线盾构隧道单一竖井整体始发出渣施工方法

该方法利用地泵在双线盾构隧道复杂线路中运输渣土，解决了双线盾构在单一竖井整体始发阶段，盾体和后配套系统已经占据竖井，导致出渣效率低的问题；地泵出渣方法工艺简单，施工方便，与"联络通道＋小型龙门吊"吊运出渣方法相比，相同时间出渣效率高10倍，可有效提高盾构整体始发阶段的施工效率。该方法应于重庆轨道交通9号线一期工程青岗坪始发井—宝圣湖站区间隧道，减少重型机械的投入和使用，降低施工安全风险，节约了工期及成本，取得了显著的经济效益和社会效益。

第2章　超大断面暗挖轨道交通车站双侧壁导坑快速施工工法

　　轨道交通车站具有埋深浅、超大断面、换乘通道多、围岩为软岩、岩体强度低等特点，一般采用三台阶七步开挖法、中隔墙开挖法（CD工法、CRD工法）、双侧壁导坑法、先拱后墙法、预留T形岩梁岩柱施工工法、预留十字形岩梁岩柱施工工法等。重庆轨道交通9号线一期工程高滩岩站、五里店站、观音桥站、蚂蝗梁站等为超大断面暗挖车站，针对超大断面暗挖轨道交通车站的特点，实现快速、安全、机械化施工，需对现有的工法进行创新。本章以重庆轨道交通9号线一期工程五里店站为研究背景，对双侧壁导坑法施工进行优化，进一步保障车站的快速施工与安全。

2.1　五里店站工程概况

　　重庆轨道交通9号线一期工程五里店站位于江北区对山立交北侧的溉北路道路下，沿溉北路由南向北走向，为明、暗挖相结合的地下换乘车站，车站起点里程YDK17+553.355，终点里程YDK17+768.755，总长215.4 m，其中暗挖段为YDK17+553.355~YDK17+692.755，长139.4 m，明挖段YDK17+692.755~YDK17+768.755，长76 m，站台宽13 m。

　　车站形式采用地下两层岛式车站，为单拱大断面隧道，隧道宽约25.6 m，高度约为19.4 m，设计采用双侧壁导坑法进行开挖，暗挖段拱顶埋深10.2~12.48 m，为浅埋隧道，复合式衬砌，按照Ⅳ级围岩进行设计，分Ⅳ_A、Ⅳ_B两种断面，采用双侧壁导坑法施工，Ⅳ_A断面开挖面积为421.38 m²，如图2.1所示，Ⅳ_B断面开挖面积为433.59 m²，均属超大断面。洞身范围内主要为中等风化砂质泥岩夹薄层砂岩，洞口段隧道顶部主要为素填土，局部为强风化砂质泥岩，车站暗挖段地下水不发育，地层稳定。

　　重庆轨道交通9号线一期工程五里店站具有以下特点。

（1）地质条件差

五里店站隧顶中等风化基岩厚 0~10.2 m。洞口段隧道顶部为素填土，局部为强风化砂质泥岩，成洞条件极差，隧道拱部极易发生坍塌，隧道围岩主要为砂质泥岩夹薄层砂岩。隧顶中等风化基岩厚度小于围岩压力拱高度（10.22 m），为浅埋隧道，成洞条件很差，隧道拱部顶部易发生坍塌，拱部无支护时易发生较大的坍塌，侧壁失去稳定。

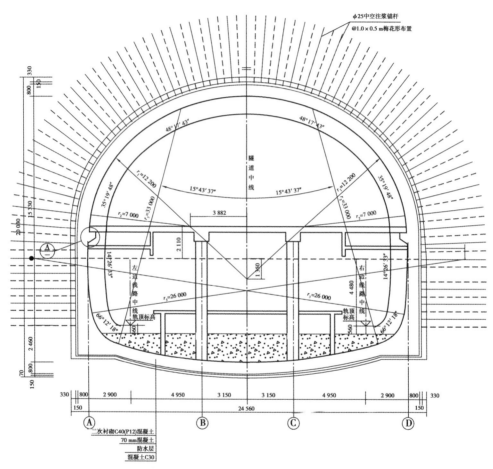

图 2.1　重庆轨道交通 9 号线一期工程五里店车站 IV_A 型衬砌断面图

（2）埋深浅、覆跨比小

五里店站埋深 10.4~12.3 m，跨度近 25 m，为典型的超浅埋、超大断面隧道。由于车站跨度大、断面大、覆跨比小，施工中上覆土体极易失稳，因此对施工方法的选择、施工步序以及施工过程中的变形控制等要求严格。

（3）施工组织难度大

五里店站为明暗挖结合车站，且暗挖段无专门的平硐施工通道，只能利用车站明挖段基坑作为竖井施工通道，出渣和进料受到很大限制，效率低下，与明挖段相互施工干扰大；五里店站暗挖段为 9 步开挖，各导洞作业面同时施工，且出入口、风道等通道也要从洞内施工，作业面多，施工场地狭小，相互施工干扰极大，对资源的配备和施工队伍组织管理要求高，施工组织难度极大。

五里店站岩层岩性、水文地质条件、隧道围岩分级如下。

（1）岩层岩性

经地面地质调查和钻孔揭示，勘察区出露的地层由上而下依次可分为第四系全新统填土层（Q_4^{ml}）、残坡积层粉质黏土（Q_4^{el+dl}）和侏罗系中统沙溪庙组（J_{2s}）沉积岩层。各层岩土特征如下。

①第四系全新统填土层（Q_4^{ml}）。

素填土（Q_4^{ml}）：灰褐色、灰黄色，城市道路或人行道表层约 70 cm 为路面及基层，其下主要由黏性土以及砂、泥岩块石碎石等组成，局部夹有少量塑料、布条、木材等生活垃圾及砖块、混凝土块石等建筑垃圾。一般石含量为 30%~50%，一般粒径为 10~400 mm，最大粒径可超过 500 mm；车站主体沿线填土结构以稍密为主，局部稍密~中密，稍湿，回填年限大于 5 年；附属结构范围内填土以松散为主，局部呈稍密状，稍湿，抛填时间 2~5 年。钻探揭露素填土层厚度为 0.6~28.6 m。

②残坡积层粉质黏土（Q_4^{el+dl}）。

残坡积层粉质黏土为褐黄色，一般呈可塑状，无摇振反应，干强度中等，韧性中等，钻探揭露粉质黏土厚 0~6.1 m。在原始地貌低洼地带填土底部、覆盖层与基岩接触带或上层滞水出露点地段，受上层滞水频繁活动的影响，常形成以软—可塑状黏性土为主、厚度 0.1~0.3 m 的软弱薄层；在原始地貌沟谷区，地面下 0.2~0.8 m 的粉质黏土以灰黑色、含植物根系、有机质为主，受地下水活动的影响，黏性土多呈软塑~流塑状，状态很差。

③侏罗系中统沙溪庙组（J_{2s}）。

砂质泥岩：以紫褐色、紫红色为主，泥质结构，薄层状构造。表层强风化带一般厚度 0.9~1.1 m，强风化岩芯呈碎块状，风化裂隙发育，岩体质量等级为 V 级；中风化岩芯呈柱状，岩体较完整，测得岩石室内饱和抗压强度为 8.1 MPa，属软岩，岩体基本质量等级为Ⅳ级。

砂岩：灰色，中粒结构，薄—中厚层状构造，泥钙质胶结。主要矿物成分有石英、长石等。砂岩强风化层厚度 0.7~2.2 m，强风化岩芯多呈黄灰色，碎块状、短柱状，岩体基本质量等级为 V 级；中风化岩芯呈柱状，岩体较完整，测得岩石室内饱和抗压强度为 21.5 MPa，属较软岩，岩体基本质量等级为Ⅳ级。

（2）水文地质条件

五里店站主要位于构造剥蚀丘陵地貌上，第四系覆盖层在沟谷低洼地段厚度较大，基岩为砂岩、泥岩互层的陆相碎屑岩，含水相对较弱。地下水的富水性受地形地貌、岩性及裂隙发育程度控制，主要为大气降水及城市地下排水管线渗漏补给，水文地质条件较复杂。根据沿线地下水的赋存条件、水理性质及水力特征，沿线地下水可分为第四系松散层孔隙水和基岩（红层）裂隙水。

①第四系松散层孔隙水。

该类型地下水不连续分布在人工填土层中，水量大小受原始地貌和覆盖层范围、厚度、透水性制约，受季节、气候影响大，水量大小不一，不稳定，水质成分由含水介质的性质决定，主要由大气降水和地下排水管线渗漏补给。经钻孔揭露，沿线人工填土层一般厚度 1~3 m，沟谷地段为 10.0~21.5 m，填土多呈松散 - 稍密状态，土层中含有较多的大粒径颗粒，根据地区经验人工填土层属于中 - 强透水层；粉质黏土层厚度 0~6.1 m，多呈软塑—可塑状，根据地区经验粉质黏土层属于弱透水层，为场地范围的相对隔水层；地下水接受补给后将沿基岩面及填土与粉质黏土界面向南侧地势较低处排泄，于场地南侧原始地貌相对低洼处汇集，不易向外排出，形成局部小区域潜水。

勘察钻孔完成后，进行钻孔水位观测，地下水主要分布在原始地貌低洼现状土层厚度较大的区域，勘察期间地下水水量小，抽出后孔内水位恢复较慢，水位不统一，水位标高 218.99~222.25 m。

②基岩（红层）裂隙水。

基岩（红层）裂隙水包括风化裂隙水和构造裂隙水。风化裂隙水分布在浅表层基岩强风化带中，为局部上层滞水或小区域潜水，水量较小，受季节性影响大，各含水层、径流、排泄系统等自成补给；构造裂隙水分布于中下部的中厚 - 厚层块状基岩裂隙中，以层间裂隙水或脉状裂隙水形式储存，水量大小与裂隙发育程度和裂隙贯通性密切相关。其补给源一般较远，主要为大气降水和地表水体（如溪沟与水库），水量大小与岩体中裂隙的发育程度密切相关，一般呈滴状或脉状，动态不稳定。根据地区经验基岩渗透系数为 0.014~0.218 m/d，泥岩取小值，砂岩取大值，基岩透水性等级为弱透水。

（3）隧道围岩分级

五里店站主体部分为暗挖，三个出入口通道部分为暗挖施工，暗挖部分的围岩基本分级按《城市轨道交通岩土工程勘察规范》（GB 50307—2012），参照《铁路隧道设计规范》（TB10003—2016），围岩基本分级由围岩坚硬程度（饱和抗压强度）和岩体完整程度（岩体纵波速度）确定。根据岩石物理力学测试成果及声波测试结果，车站的围岩基本分级为Ⅳ级。

2.2 双侧壁导坑法的优化

根据以上工程概况，五里店车站施工工法在传统双侧壁导坑法的基础上，进行了优化，如图 2.2 所示。优化的工法特点有：通过调整施工步序、优化核心土形式、采用可快速转换的临时钢支撑、优化临时横撑施作时机，加大了作业空间，降低了施工难度，有效地缩短了工期；避免了传统双侧壁导坑法解除上部核心土时两侧凌空高度过大的情况，提高了核心土拆除施工的安全性，根据围岩情况及监测数据合理取消临时横撑，降低了工程成本。

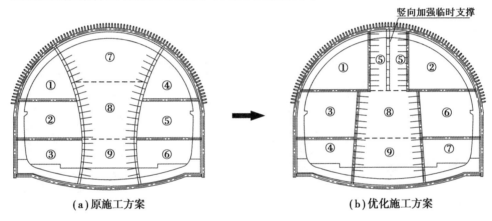

(a) 原施工方案　　　　　**(b) 优化施工方案**

图 2.2　双侧壁导坑法优化施工方案对比图

（1）优化施工步序

隧道断面开挖宽度 25.56 m，开挖高度 20.27 m，断面面积 433.59 m²，若按图 2.2（a）原设计施工步序，在左右侧壁导坑开挖支护完之后再进行核心土的施工，拆除上部核心土作业面两侧凌空 14 m，安全风险系数大，安全防护成本高且施工难度极大。

为降低项目安全生产风险，提高工效，加快施工进度，根据实际情况对开挖步骤进行合理优化。调整如下：开挖完成一个侧壁导坑后，直接使用另一侧上导坑开挖台架由上导坑侧面进行上部核心土的施工。上部核心土开挖后，立即施作加强临时竖向支撑，然后再进行另一侧壁中、下导坑及剩余核心土的施工，如图 2.2（b）所示。现场施工如图 2.3 所示。

（2）优化核心土形式

核心土由弧形墙支护调整为直墙支护形式，使得设置的临时竖向支撑在开挖上部核心土时轴向受力，最大限度发挥临时支撑作用，还可降低上部核心土开挖的施工难度及风险，增大侧壁导坑作业空间，便于机械化作业，加快施工进度。弧形墙支护施工如图 2.4 所示，直墙支护施工如图 2.5 所示。

(a)   (b)

图 2.3　双侧壁导坑法施工步序优化现场施工图

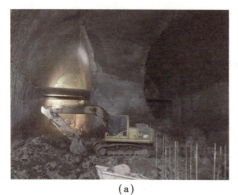

(a)   (b)

图 2.4　弧形墙支护施工

(a)   (b)

图 2.5　直墙支护施工

（3）优化临时横向支撑

因临时横向支撑会阻碍施工机械作业，优化方案拟研究减少临时横向支撑数量及施作临时横向支撑的合适时机。第一道临时横向支撑在导坑中部开挖支护完成后及时施作，若围岩条件好（Ⅳ级围岩及更高等级围岩），岩层倾角较平缓，侧向应力小，且监测数据稳定，未达到设计要求的预警值，可以适当取消第二道临时横向支撑的设置。若围岩情况及监测数据不允许取消横向临时支撑时，考虑导坑中部开挖时大型机械作业，第二道临时横向支撑在导坑下部开挖支护完成后再及时进行施作。临时横向支撑支护施工如图 2.6 所示。

（a）　　　　　　　　　　（b）

图 2.6　临时横向支撑支护施工

（4）优化临时竖向支撑

临时竖向支撑的设置主要是为了在上部核心土解除后，对隧道拱顶提供竖向的支撑作用，项目采用可拆卸及循环使用的临时竖向支撑。临时竖向支撑采用 Q235 钢，主要由标准节钢支撑、非标准节钢支撑以及可伸缩装置组成，每一个部件采用螺栓进行连接，其中标准节如图 2.7（a）所示，非标准节如图 2.7（b）所示，两种部件组成相同仅轴向长度上有一定的区别，钢管的两头通过焊接的方式与钢板相连接，连接钢板均匀设计螺栓孔，为后续各部件组装时螺栓连接预留；可伸缩装置主要由上下套管和大吨位千斤顶组成，如图 2.7（c）所示，上套管由两个同心套管组成，下套管的上部插入两个同心套管间，用于形成上套管与下套管的上下相对滑动，套管的中心放置大吨位千斤顶用于调节整个竖向临时加强支撑的上下伸缩，千斤顶顶升后保持液压状态。

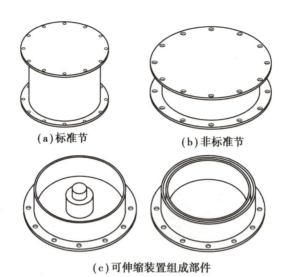

（a）标准节　　　　　　　　（b）非标准节

（c）可伸缩装置组成部件

图 2.7　临时竖向支撑构件示意图

（5）临时竖向支撑的模型及受力分析

临时竖向支撑各部件在加工厂制作后进行预拼装，达到设计要求后分装运至施工现场。行车或挖机将各部件起吊至相应的位置，各部件通过螺栓进行连接，从上至下分别为非标准节、标准节以及可伸缩装置。临时竖向支撑拼装效果图移动脚手架如图 2.8 所示。

图 2.8　临时竖向支撑拼装效果图

利用右上导坑开挖台架由侧面拆除部分临时竖撑后施工上部核心土，当隧道上部核心土开挖完成后，在距离上部核心土掌子面 3 m 左右的拱顶下方设置临时竖向加强支撑，安装临时竖向加强支撑前应尽量平整安装位置的岩体以便于安装，临时竖撑沿隧道纵向成单排间距 2 m 布置，如图 2.9 所示。安装完成后通过计算明确液压千斤顶的支撑力再加压，待支撑与拱顶和地面紧密接触后停止加压，以便更好地发挥其支撑作用。

在解除中部核心土前，待初期支护监测数据稳定后即可拆除临时竖向支撑。通过释放千斤顶压力的方式，使临时竖向加强支撑不再发挥作用，并拆除临时竖向加强支撑，设计的临时竖向加强支撑可重复使用。

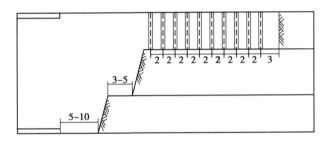

图 2.9　竖向加强临时支撑纵向布置示意图（单位 :m）

2.3　施工工艺流程与施工操作要点

2.3.1　施工工艺流程

超大断面轨道交通车站快速施工，优化的双侧壁导坑法的工艺流程如图 2.10 所示。

2.3.2　施工要点

（1）第一步：左（右）侧壁导坑上部开挖及支护

左右侧导坑开挖掌子面错开 15 m，开挖前先施作超前支护，开挖宽度控制在 1/3 洞宽（约 8 m），开挖高度控制在 8 m 左右，开挖后立即进行初期支护、锁脚锚杆、临时支护，其中，临时支护（含临时横向支撑）采用 I22a 工字钢 + 网喷混凝土。第一道临时横向支撑暂不施作，循环进尺控制在一榀拱架间距，左（右）侧壁导坑部开挖支护如图 2.11 所示。

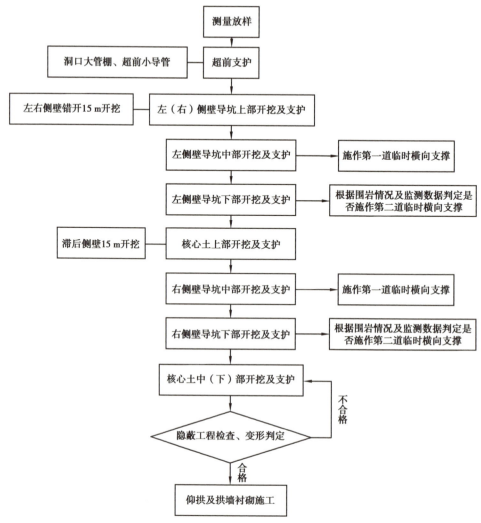

图 2.10　优化的双侧壁导坑法的工艺流程

图 2.11　左（右）侧壁导坑部开挖支护

（2）第二步：左侧壁导坑中部开挖及支护

左侧壁导坑上部超前导坑中部 5~10 m，开挖导坑中部，开挖高度控制在 5 m 左右，开挖后立即进行初期支护、锁脚锚杆、临时支护，并施作第一道临时横撑，临时横撑施作长度滞后导坑中部 20 m 左右，以便于导坑上（中）部机械作业。在初支墙脚处的每榀钢架两侧各加设 2 根锁脚锚杆。循环进尺控制在两榀拱架间距。侧壁导坑中部开挖如图 2.12 所示。

图 2.12　侧壁导坑中部开挖

（3）第三步：左侧壁导坑下部开挖及支护

左侧壁导坑中部超前导坑下部 5~10 m，开挖导坑下部，开挖后立即进行初期支护、锁脚锚杆、临时支护，在初支墙脚处的每榀钢架两侧各加设 2 根锁脚锚杆。隧道岩层倾角较平缓，侧向应力小，若围岩条件好（Ⅳ级围岩及更高等级围岩），且监测数据稳定，未达到设计要求的预警值，可以适当取消第二道临时横向支撑的设置。若围岩情况及监测数据不允许取消横向临时支撑时，考虑导坑中部开挖时大型机械作业，第二道临时横向支撑在导坑下部开挖支护完成后再及时进行施作，如图 2.13 所示。

图 2.13　侧壁导坑下部开挖

（4）第四步：核心土上部开挖及临时竖向钢支撑的制作与安装

右侧壁导坑上部开挖完成后进行核心土上部土体开挖及临时竖向钢支撑施工。具体步骤如下。

利用右上导坑开挖台架由侧面施工上部核心土，核心土上部开挖循环进尺不大于一榀拱架间距，开挖高度2.5 m，为开挖及立架喷混作业创造有利的作业条件，开挖完成后立即进行初期支护，使拱部初期支护闭合。上部核心土开挖如图2.14所示。

图2.14　上部核心土开挖

核心土上部开挖并支护后，立即施作竖向加强临时支撑。竖向加强临时支撑采用Q235钢，截面尺寸为 $\phi 609$（t=16 mm）钢支撑。隧道施工过程中受操作空间的限制，方便竖向加强临时支撑的安装以及重复利用，采用在加工厂提前预制，然后在现场进行组装的方式，如图2.15所示。

图2.15　竖向加强临时支撑安装实物图

（5）第五步：右侧壁导坑中、下部开挖及支护

核心土上部开挖并安装完成竖向临时支撑后开挖右侧壁剩余中、下导坑，中、下导坑开挖错开5~10 m，开挖后立即进行初期支护、锁脚锚杆、临时支护，在

初支墙脚处的每榀钢架两侧各加设 2 根锁脚锚杆。隧道岩层倾角较平缓，侧向应力小，结合地质情况及监测数据，适当取消第二道临时横撑的设置。若围岩情况及监测数据不允许取消横向临时支撑时，考虑导坑中部开挖时大型机械作业，第二道临时横撑在导坑下部开挖支护完成后再及时进行施作。

（6）第六步：拆除竖向临时支撑并开挖中、下部核心土

待初期支护监测数据稳定后即可拆除竖向临时支撑。当竖向加强临时支撑位置下方的核心土中部土体要解除前，通过释放千斤顶压力的方式，使竖向加强临时支撑不再发挥作用，并拆除竖向加强临时支撑，拆除后的竖向加强临时支撑待下次上部核心土解除后进行重复的使用。

（7）第七步：仰拱及二衬施工

核心土中、下部拆除后及时进行仰拱施工，仰拱循环开挖进尺不超过 3 m，每段混凝土浇筑长度 9 m，拱墙衬砌距离核心土上部掌子面距离不大于 40 m。

2.4 资源要素配置

（1）主要劳动力

隧道单个开挖面作业劳动组织见表 2.1。

表 2.1 隧道单个开挖面作业劳动组织

序号	工作项目	作业人员	人数 / 人
1	开挖	钻孔或风镐手	14
		挖掘机司机	2
		自卸车司机	6
2	初期支护	型钢加工	4
		钢筋网片加工	2
		钢架安装	8
		喷射混凝土	12
		混凝土搅拌运输罐车司机	4
3	混凝土生产	混凝土搅拌机操作工	2
		装载机司机	2
		机械修理工	1
4	测量	技术员	2
		测工	4
5	其他	现场管理人员	6
		施工配合人员（电工、修理工、空压机司机）	15

（2）主要材料

隧道施工主要材料统计见表 2.2。

表 2.2 隧道施工主要材料统计

序号	工作项目	材料名称	规格型号	单位	备注
1	初期支护	工字钢	Ⅰ32a、Ⅰ25b	t	按设计参数确定具体型号及数量锚杆注浆
		钢板	Q235/10 mm	t	
		螺栓螺母	M24×80	套	
		连接钢筋	HRB400	t	
		锚杆	系统/锁脚	m	
		钢筋网片	HPB300	t	
		喷射混凝土	C25	m³	
		临时竖向支撑	A609/t=12 mm	m	

（3）主要机具设备

隧道单个开挖面机械设备配备见表 2.3。

表 2.3 隧道单个开挖面机械设备配备

序号	作业	机具设备名称	规格型号	数量	单位	备注
1	施工通风	轴流式通风机	SDF（c）-NO110	1	台	通风
2	施工照明	低压变压器	24 V,10 kW	4	台	掌子面及二衬施工平台
3	施工用电	发电机	250 kW	1	台	备用
		变压器	500 kW	1	台	施工及生活用电
4	开挖	挖掘机	PC-300-6	1	台	开挖
		挖掘机	PC50-7MR	1	台	开挖
		自卸车	15 t	3	辆	出渣
		空压机	4L-20/8	3	台	高压供风
		空压机	L2-10/8	1	台	高压供风
		气腿式凿岩机	YT-28	12	台	
		矿用电钻	φ50	5	台	掘进打锚管、锚杆
5	初期支护	工字钢弯曲机	GW1-200	1	台	型钢加工
		钢筋弯曲机	GW	1	台	钢筋加工
		钢筋切断调直机	GQ	1	台	钢筋加工
		等离子切割机	GW	1	台	钢板切割
		交流电焊机	BX1-500	6	台	钢架、网片加工及安装
		台式钻床	24025	1	台	钢板加工
		压浆机	—	1	台	锚杆注浆
		混凝土湿喷机	TK-500	3	台	喷浆

续表

序号	作业	机具设备名称	规格型号	数量	单位	备注
6	量测及测量仪器	全站仪	莱卡 402	1	台	方向控制
		水准仪	莱卡 N2	1	台	标高控制
		塔尺	5 m	2	个	标高控制
		精密水准仪	莱卡 N2	1	台	沉降观测
		因瓦尺	—	2	个	
		收敛仪	JSS30A	2	个	量测
		锚杆拉拔仪	BL-150B	1	个	锚杆拉拔
		应力测试仪	—	1	套	应力测试

第 3 章　超大断面暗挖轨道交通车站高大核心土拆除工法

　　轨道交通车站超大断面采用双侧壁导坑法、隧道 T 形岩梁岩柱施工工法、隧道十字形岩柱施工工法等形成的高大核心土有 T 形、十字形、立柱形，其高大核心土的安全、高效、高质量、经济施工尤为重要。重庆轨道交通 9 号线一期工程高滩岩站、观音桥站、鲤鱼池站、李家坪站等开挖过程中形成高大核心土，本章以重市轨道交通 9 号线一期工程观音桥站、李家坪站为例，介绍高大核心土的拆除方法与工艺，保障施工安全。

3.1　轨道交通车站高大核心土拆除工法

3.1.1　观音桥站工程概况

　　重庆轨道交通 9 号线一期工程观音桥站位于观音桥商圈步行街南侧建新南路下方，为直墙圆拱暗挖隧道断面，采用复合式衬砌，如图 3.1 所示，其主体起讫里程 DK12+419.987~DK12+664.387，长度 244.4 m，有效站台宽 15 m，开挖宽度 26.1 m，开挖高度 22.47 m，拱顶埋深 15 ~22 m，开挖断面达 504 m²。

　　观音桥站岩层岩性、水文地质、隧道围岩分级如下。

　　（1）岩层岩性

　　经地面地质调查和钻孔揭示，勘察区出露的地层由上而下依次可分为第四系全新统填土层（Q_4^{ml}）、残坡积层粉质黏土（Q_4^{el+dl}）和侏罗系中统沙溪庙组（J_{2s}）沉积岩层。各层岩土特征分述如下。

　　①第四系全新统填土层（Q_4^{ml}）。

　　素填土（Q_4^{ml}）：灰褐色、灰黄色，城市道路或人行道表层约 70 cm 为路面及基层，其下主要由黏性土以及砂、泥岩块石碎石，局部含少量的生活垃圾以及混凝土块石等建筑垃圾组成，一般石含量 15%~30%，一般粒径 10~400 mm，最大粒径可超过 500 mm；填土结构以松散为主，局部稍密，稍湿，回填年限大于

5 年；钻探揭露素填土层厚度为 0.5~21.6 m。素填土（Q4^ml）主要分布于整个场地。

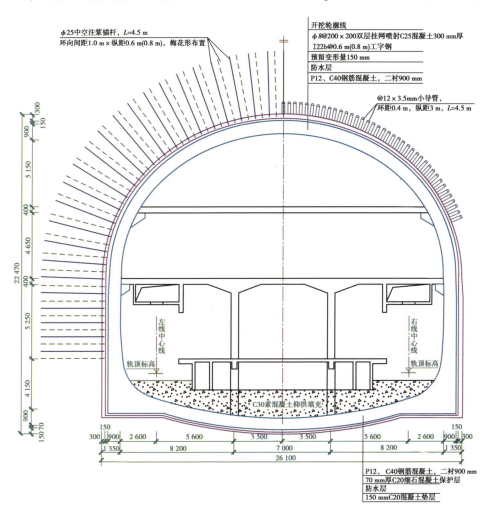

图 3.1 观音桥车站主体结构断面图

②残坡积层粉质黏土（Q4^el+dl）：褐黄色，一般呈可塑状，无摇振反应，干强度中等，韧性中等，钻探揭露粉质黏土厚 0~4.7 m，主要分布于在施工通道附近。

③侏罗系中统沙溪庙组（J2s）。

砂质泥岩：以紫褐色、紫红色为主，泥质结构，薄层状构造。表层强风化带一般厚度为 1.0~2.20 m，强风化岩芯呈碎块状，风化裂隙发育，岩体质量等级为 Ⅴ 级；中风化岩芯呈柱状，岩体较完整，统计岩石室内饱和抗压强度为 8.4 MPa，属软岩，岩体基本质量等级为 Ⅳ 级。

砂岩：灰色，中粒结构，薄—中厚层状构造，泥钙质胶结，主要矿物成分有石英、长石等。砂岩强风化层厚度为 0.40~5.20 m，强风化岩芯多呈黄灰色，碎块状、短柱状，岩体基本质量等级为Ⅴ级；中风化岩芯呈柱状，岩体较完整，统计岩石室内饱和抗压强度为 29.7 MPa，属较软岩，岩体基本质量等级为Ⅳ级。

（2）水文地质

勘察的场地位于城区商圈，周围无地表水体，场地基岩上部为相对透水砂岩，下部主要为不透水的泥质岩层，场地地下水按含水层性质可分为两类，即松散层孔隙水和基岩孔隙裂隙水：

①松散层孔隙水：第四系土层厚 0.5~21.6 m，土层中含有较多的粗颗粒，属于透水层，场地地下水来源主要是大气降水和破损的给、排水管网，储水条件差，场地内于基岩面之上局部有少量上层滞水赋存，受季节影响较大。

②基岩孔隙裂隙水：场地内基岩为砂岩、砂质泥岩互层，基岩孔隙裂隙水分布于砂岩孔隙及风化裂隙、构造裂隙中。

勘察期间为重庆旱季，抽干所有钻孔内钻探残留用水后，24 h 观察孔内水位均无恢复迹象，说明拟建场地地下水贫乏；从邻近工程基坑开挖情况看，场地内基坑局部存在少量基岩裂隙水，水量小，场地水文地质条件简单。

（3）隧道围岩分级

观音桥站以暗挖施工为主，仅 3 号出入口明槽段与施工通道明槽段为明挖。暗挖部分的围岩基本分级按《铁路隧道设计规范》（TB 10003—2016）确定，围岩基本分级由围岩坚硬程度（饱和抗压强度）和岩体完整程度（岩体纵波速值）确定。根据岩石物理力学测试成果及声波测试资料，砂岩围岩基本分级为Ⅲ级，砂质泥岩围岩基本分级为Ⅳ级，该车站围岩以砂质泥岩为主，基本分级为Ⅳ级，如图 3.2 所示。

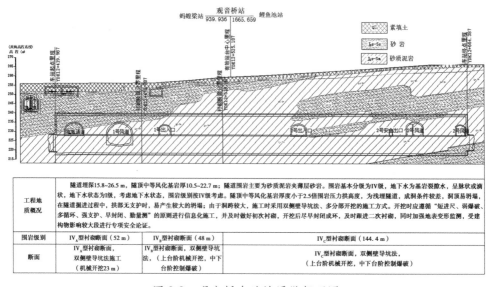

图 3.2　观音桥车站地质纵断面图

3.1.2 双侧壁导坑法中间岩柱施工优化

观音桥站具有超大断面、浅埋大跨隧道、周边环境复杂、置于轨道交通控制保护区内、技术难度大和工期紧等特点，传统的双侧壁导坑法已不能满足工程的要求，需对传统的双侧壁导坑法进行优化，探索出一种工效更高、更为安全可控的超大断面隧道建造技术。

优化的双侧壁导坑法，利用预留核心土下部梯形扩大承台，增强了核心岩柱的最大单元承载力，更好地承接了核心土的竖向荷载，避免侧壁导坑中下台阶施工时扰动临时支护，从而造成核心土部位临时支护承载力损失、拱架失稳的问题。主要创新有以下几点。

①改变了超大断面开挖时的九部开挖施工顺序，充分利用岩体自身承载力及开挖时空效应，在上部导坑施工过程中合理横向提前解除核心土部位，形成联络通道。

②提前拆除部分核心土，利用封闭支护及预留的核心岩柱形成安全稳定的空间，为围岩及初支稳定提供充足时间，确保了二衬施工前初支变形稳定，减少了初支及围岩变形对二衬结构的影响。

③该方法在上导坑施工期间拆除部分核心土，为后期拆除核心土提供了作业平台，大大降低了核心土拆除作业风险。

④利用横向联络通道，疏通洞内交通网络，使得中部导坑、下部导坑可以提前穿插，同时优化开挖分部形式，减少核心岩柱临时支护施工工程量，节约工时、材料。

⑤核心土拆除施工组织布局合理，充分考虑模板台车、作业台架、仰拱施工、各导坑作业平台等施作空间，使二衬作业可以有效紧跟核心土拆除作业，将核心土拆除后的暴露时间缩短，提出二衬与核心岩柱的最优距离。

⑥开创性提出上部导坑、中部导坑、下部导坑在施工过程中的联动性交通组织方法，可在同一隧道内创造 10 余个工作面，极大程度地提升了隧道整体断面日均开挖进尺，缩短超大断面初支成环周期，实现安全、快速建造的目标。

⑦上导坑由施工通道进入，采用矩形断面 + 门型钢架横向贯通车站上部横断面，完成转换。优化的双侧壁导坑法中间岩柱施工步序，如图 3.3 所示，其中编号①~⑪为分步编号，工艺流程如图 3.4 所示。

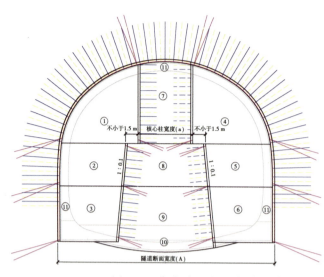

说明:
1. 图中序号仅表示各步骤的编号,不代表施工顺序。
2. 本工法施工顺序如下:
   (1)左侧、右侧上部导坑(①部、④部)开挖、初期支护;
   (2)上部核心土(⑦部)跳槽分段开挖、初期支护,形成交通转换通道;
   (3)左侧、右侧中部导坑(②部、⑤部)开挖、初期支护;
   (4)左侧、右侧下部导坑(③部、⑥部)开挖、初期支护;
   (5)上部剩余预留核心土(⑦部)开挖、初期支护;
   (6)中洞中部核心土(⑧部)开挖;
   (7)下部核心土(⑨部)开挖:;
   (8)敷设仰拱防水层,浇筑仰拱及回填层混凝土(⑩部);
   (9)敷设防水层,浇筑隧道拱墙二次衬砌(⑪部)

图 3.3 优化的双侧壁导坑法中间岩柱施工步序

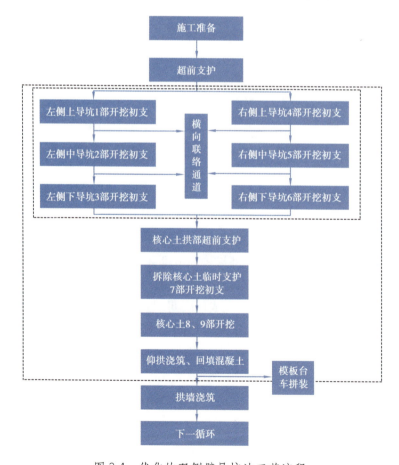

图 3.4 优化的双侧壁导坑法工艺流程

3.1.3　施工要点

观音桥车站采用岩柱法施工,双侧壁导坑左右导洞各 3 部分,核心土 3 部分,共 9 部分,各部分根据周边环境影响程度及设计要求采用控制爆破或非爆破施工,同一导洞施工可错开步距后同时同向开挖。为避免岩体的偏心荷载,禁止单侧导洞开挖完毕再开挖另一侧导洞,例如禁止①、②、③部分开挖完成后再开挖④、⑤、⑥部分。施工要点如下。

（1）上导坑（①部分、④部分）开挖

如图 3.5 所示,上导坑开挖进尺根据不同部位及地质状况进行调整,每循环进尺不超过 2 榀拱架。采用挖机扒渣排险,装载机装渣,自卸汽车运至指定弃渣点。核心土临时支护拱架与车站拱架连接处采用螺栓连接,为利于后期临时支护拆除,减少断开临时支护拱架与车站拱架连接风险,核心土对临时支护顶部预留30 cm 拱架不进行喷射混凝土封闭,对围岩进行初喷封闭。

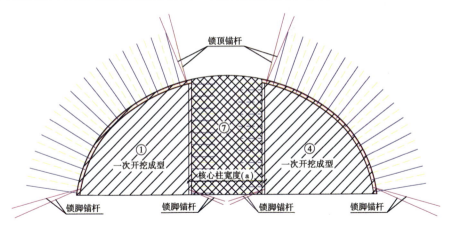

图 3.5　上导坑（①部分、④部分）开挖断面图

（2）局部核心岩体开挖（⑦部分）

如图 3.6 所示,保证双侧壁导坑施工期间有足够的应急逃生及交通转换通道,在上导坑左右侧壁之间设置联络通道,兼作施工交通转换通道,即在①、④部分之间取掉核心土⑦部分形成横通道;取除核心土段在侧壁上导坑（①部分、④部分）施工期间适时组织施工,核心土需在围岩及初期支护变形稳定后才能进行开挖解除;根据力学计算和建模分析,对核心土及联络通道留置步距提出如下要求:

a. 预留核心土宽度宜为 1/4 倍洞跨,且不小于 6 m;

b. 前期解除核心土各段（联络通道）长度宜为 1/2 倍洞跨,且不小于 8 m,不大于 1 倍洞跨;

c.预留核心岩柱沿隧道纵向长度宜为 1/2 倍洞跨，且不小于（b）。

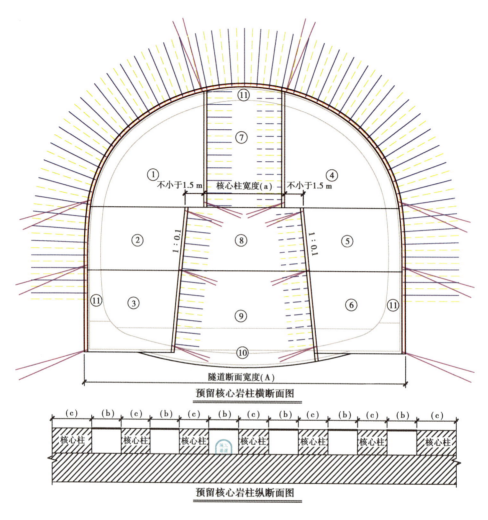

图 3.6　预留核心岩柱布置图

根据施工组织确定的提前解除核心土段（横通道）位置，在①部分、④部分后行洞超过 15 m 后，在横通道中部位置横向开挖 2 m 宽通道连通两侧导坑，完成拱部初支封闭，再向两端进行⑦部分开挖支护直至横通道宽度，开挖进尺根据不同部位及地质状况进行调整，每循环进尺不超过 2 榀，钢拱架连接处增设两道锁顶锚杆。开挖断面及方法如图 3.7 所示。

（3）中、下导坑（②部分、⑤部分、③部分、⑥部分）开挖

如图 3.8 所示，在上部导坑①部分、④部分及局部横通道⑦部分开挖支护完成后，根据作业面条件，多作业面同步进行中、下导坑（②部分、⑤部分、③部

分、⑥部分）开挖支护，开挖进尺根据不同部位及地质状况进行调整，每循环进尺不超过 3 榀。靠核心土侧预留台阶防止临时支护拱架悬空或损坏。

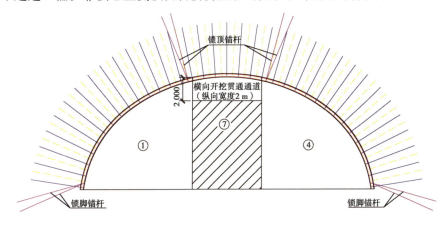

图 3.7　车站核心土上台阶（⑦部分）开挖断面图

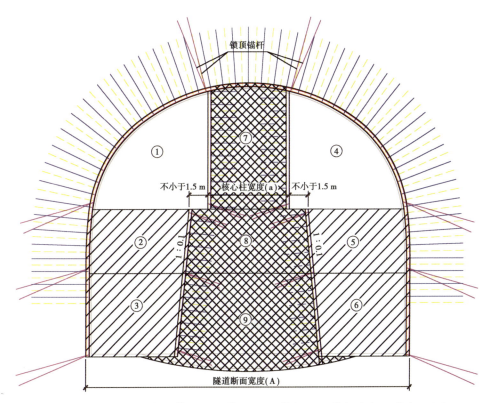

图 3.8　中、下导坑（②部分、⑤部分、③部分、⑥部分）开挖断面图

利用取除核心土的横通道交错组织交通，如图 3.9 所示，既可以满足增加①部分、④部分上部导坑的交叉施工，同时又能根据现场情况，将②部分、⑤部分、

③部分、⑥部分等中下部导坑施工穿插进来。当上部导坑背后方向因中下导坑施工断路时，可以通过联络通道绕行组织交通路线。另外，还可根据联络通道的位置，增设中下部导坑作业面，必要时仅中下部导坑可以满足两个方向8个工作面的同时开展，整个车站隧道的工作面将达10余个，极大程度提高了车站整体断面开挖工效，缩短超大断面初支成环周期。

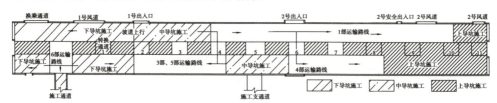

图3.9　各分部施工交通组织示意图

（4）剩余核心岩柱开挖（⑦部分、⑧部分、⑨部分）

如图3.10所示，核心岩柱上台阶利用横通道平台进行开挖，开挖进尺根据不同部位及地质状况进行调整，每循环进尺不超过2榀。核心土上台阶（⑦部分）开挖后立即进行初支封闭，钢拱架连接处增设两道锁顶锚杆；剩余核心岩柱取除随二衬施工同步进行，保证拱墙二衬连续施工以减少因核心岩柱拆除而短暂形成的硐室空腔暴露时间，控制核心岩柱与拱墙二衬间距离，根据受力分析及施工组织要求，核心岩柱与拱墙二衬间距离宜为5模拱墙二衬长度，安全步距长度满足二衬钢筋作业台架、仰拱施工及预留抽排水作业空间，同时为核心土上台阶取除预留施工空间。硐室空腔上覆岩体应力由拱墙衬砌和临近岩柱共同承担，根据地质及现场监测数据情况指导现场施工。

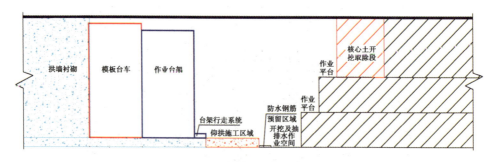

图3.10　核心土取除施工组织示意图

（5）仰拱、拱墙混凝土施工

根据施工组织及施工计划要求，首段衬砌及模板台车拼装位置宜设置于隧道两端头，由一端向另一端逐段取除核心岩柱、施工二衬；完成隧底开挖后，组织仰拱施工，待拱墙衬砌施工完成后，模板台车、作业台架进行流水化前移；同步组织临近段核心土拆除，为仰拱、拱墙衬砌施工提供空间；首段衬砌及模板台车拼装区域取除核心岩柱长度宜为 3~4 模拱墙二衬长度。

3.1.4　施工方法

①核心岩柱拆除的施工条件。取除核心岩柱段需在围岩及初期支护变形稳定后进行开挖解除，且核心土距二次衬砌距离不宜大于 50 m。

②核心岩柱拆除的施工步骤如图 3.11 所示。每次拆除临时支撑钢架不超过 6 榀，具体步骤如下：

a. 布置变形观测点，确保安全。拆除临时钢架前应进行监测，取得初始数据，在拆除过程对隧道拱顶下沉采取不间断观测，保证隧道的安全。

b. 采用洞渣对侧壁导坑进行回填至原上导坑底部高度，再采用作业台架进行临时支撑钢架拆除及核心土解除。

c. 凿除侧壁支撑、临时拱钢架间的喷射混凝土及钢筋网。采用风镐凿除喷射混凝土，采用电气焊切断钢筋网，搭设钢管脚手架作为工作平台；在凿除喷射混凝土过程中，应逐榀钢架自上而下进行，凿除过程中，下方严禁行人机械通过；作业区前后设专人设防，注意在凿除混凝土、切断钢筋网过程中，尽量保证连接筋的连接，防止凿除期间侧壁支撑、钢架失稳；凿除完毕后，及时清理混凝土渣与废钢筋网，废钢筋网应指定地点堆放，以便日后集中处理。

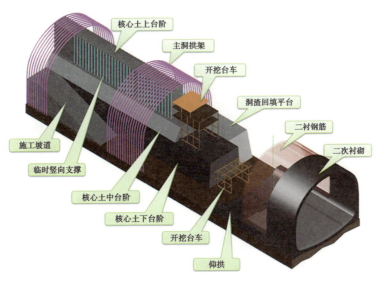

图 3.11　核心土取除施工工艺流程 3D 建模示意图

③最后段核心土取除要点。为减少后期拆除核心土及支护施工风险，在最后段核心土两端临近核心土取除前提前解除最后段上台阶核心土，完成拱顶初期支护封闭，同时保留或恢复核心土上台阶竖向临时支护。拆除要点如下：

a.最后段核心土两端临近核心土取除前提前解除最后段核心土上台阶。

b.提前解除最后段核心土段仅取除核心土上台阶岩层，完成拱顶初期支护，保留核心土两侧临时支护，如图 3.12 所示。

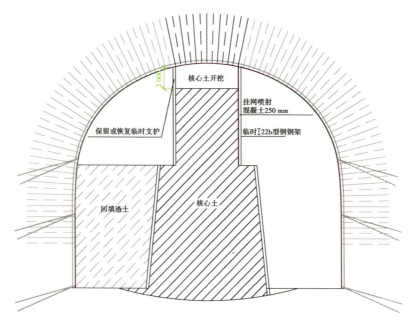

图 3.12　最后段核心土提前工序图

c.核心土上部每次开挖不大于 2 榀拱架，开挖后及时将拱部初期支护封闭成环；施工时及时布置监控量测点，加强洞内变形、支撑应力、地表沉降等项目的监控量测，以量测结果指导施工；加密拱顶沉降点布置，同时加大监测频率，拱部增加 2 个拱架应力监测，临时支护拱架内增加 2 处拱架应力监测，及时监测拱部应力情况以指导施工。

④最后段核心土两端临近核心土取除完成，同时两端二衬跟进至间距在 6 模二衬长度之内，进行最后段临时支护拆除，取除最后段核心土；在后段核心土两端临近段核心土取除完成时，及时利用回填的操作平台，完成最后段核心土上台阶所有剩余岩层的炮眼钻孔，并采用塑料袋进行孔口封堵；在最后段核心土监测稳定且达取除条件后，人工拆除两侧已开挖部分临时支护，再清除已施工炮眼孔口封堵，逐段爆破开挖上台阶剩余核心。

3.1.5　资源要素配置

①车站施工人员配置见表 3.1。

表 3.1　施工人员配置

序号	工作岗位	人数 / 人
1	生产及技术管理人员	4
2	开挖机械司机	6
3	渣土车司机	20
4	初支各工种工人	80
5	合计	110

②车站施工主要机械设备配置见表 3.2。

表 3.2　施工主要机械设备配置

序号	设备名称	型号规格	数量	单位	额定功率或主要工作性能指标
1	挖掘机	PC-200	2	台	150 kW
2	装载机	ZLC50	2	台	
3	轴流式通风机	55 × 2 kW	1	台	150 kW
4	拌和站（喷射混凝土）	JS750 配套	2	套	60 kW
5	冷弯机	GQ40	1	台	
6	风镐	—	12	台	
7	混凝土喷射机	—	9	台	20 m³/h
8	电动空压机	4L-22/8	4	台	20 m³/min
9	发电机	SZD-90	1	组	400 kW
10	注浆机	UB3	2	台	3 m³/h
11	注浆泵	KBY-50/70	2	台	22 kW
12	混凝土搅拌机	JZ500L	1	台	500 L
13	自卸汽车	XYG316G	6	台	155 kW
14	多功能台架	自制	4	台	
15	风钻	YT-28	40	台	5 m
16	测量仪器	莱卡	1	套	
17	交直流电焊机	BX1-400	8	台	40 kW

3.2 临时钢管立柱代替核心土施工方法

李家坪站位于江北区嘉华大桥引道东侧山体边坡内，小里程端位于嘉华大桥北引道正下方。车站起点里程为 YDK10+554.613，终点里程为 YDK10+812.113，总长度 257.5 m。车站为地下两层拱形暗挖岛式车站，站台长 12 m，隧道为直墙圆拱暗挖隧道断面，采用暗挖钻爆法施工，复合式衬砌结构，埋深 18~37 m，洞顶中等风化基岩厚 12.35 ~35 m，开挖净宽 23.2 m，高度 19.9 m，断面积 395.46 m²。

3.2.1 工法特点

①施工方法在隧道上部导坑开挖支护后，采用中间钢管立柱支撑已解除的核心岩柱，以配合中下部导坑及剩余土体分部开挖，减小爆破开挖对围岩扰动影响。同时由于顶部初期支护提前成环，围岩应力释放比较快，较好地发挥了围岩的自承能力。

②施工中上部核心土的解除以及钢管立柱的安装施工过程中，可以充分利用上台阶开挖过程操作平台以便于施工操作，较传统核心土解除需从正面解除有较为安全的操作面，有效降低传统方法存在的高空作业安全风险，同时也降低了施工难度。

③在隧道核心岩柱纵向分段设置中间钢管立柱可缩短隧道开挖支护时间，在保证安全的同时有效提高隧道开挖速度，优化施工工序。

④通过钢管立柱的快速拆除，使得中间核心土中下台阶能够快速开挖，二次衬砌能够及时跟进，较传统大断面开挖在核心土解除期间临空时间大大缩短，确保安全。

3.2.2 施工工艺流程

施工工艺流程图如图 3.13 所示。

3.2.3 施工要点

（1）上台阶 1 步、2 步开挖

先行对车站隧道主体上部左侧 1 步开挖支护，每循环进尺 2.0 m，施作初期支护，并在拱架安装时记录每榀拱架安装里程；待左侧上部导坑开挖 15 m，保证一定的安全距离后，右侧 2 步上部导坑开挖，每循环进尺 2.0 m，施作初期支护，确保拱架安装里程与先期施工 1 步导洞拱架安装里程一一对应。导坑上台阶开挖步序图如图 3.14 所示。

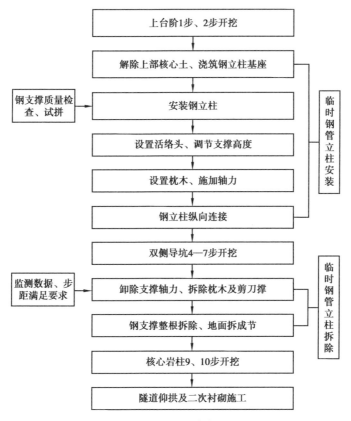

图 3.13 施工工艺流程图

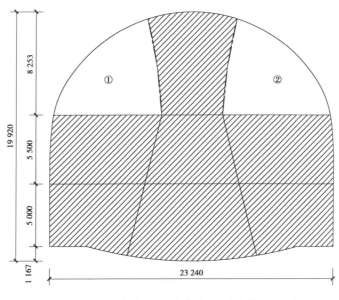

图 3.14 导坑上台阶开挖步序图（单位：mm）

（2）解除上部核心土、浇筑钢立柱基座

车站上台阶 1、2 步导坑开挖支护完成后，确保 15 m 以上安全距离后，在施工监测数据指导下解除核心土。每循环换解除 2 m，按照每 8 m 为一个核心土解除段设置钢管立柱替代核心岩柱。上台阶核心岩柱解除完成后对每个解除段浇筑 20 cm 厚 C30 钢筋混凝土基座，同时基座内埋设与钢立柱配套的螺栓。

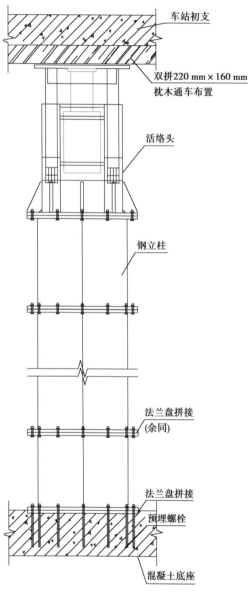

图 3.15　钢立柱安装示意图

（3）安装钢立柱

混凝土浇筑完成并达到一定强度后，开始进行钢立柱安装。钢立柱采用 ϕ609 mm，壁厚 16 mm 钢管支撑，通过螺栓连接。支撑安装前先在地面进行预拼接以检查支撑的平直度，其两端中心连线的偏差度控制在 20 mm 以内，经检查合格的支撑按部位进行编号以免错用，各标准节的支撑采用 25 t 吊车吊装到位，钢立柱通过预埋螺栓与基座连接成整体。

（4）设置活络头、调节支撑高度

钢立柱上方设置活络头，通过活络头中楔形垫块调整钢支撑标高。同时可以通过调整活络头长度来调节因基座浇筑标高不一致、初支不平顺导致的钢立柱长度不一致，确保钢立柱受力均匀。

（5）设置枕木、施加轴力

钢立柱顶部活络头上方与初支面之间通常架设 2 根 220 mm × 160 mm 枕木作为柔性支座，用千斤顶施加轴力。同时选取部分钢支撑设置轴力计，对轴力变化进行监测。钢立柱安装示意图如图 3.15 所示。

（6）钢立柱纵向连接

钢立柱之间采用 10# 角钢及抱箍进行连接形成连结梁，钢支撑间距设置在 2~2.5 m，如图 3.16、图 3.17 所示。

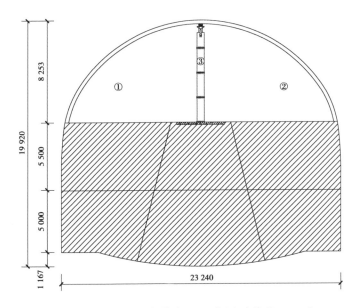

图 3.16 钢管立柱安装断面示意图（单位：mm）

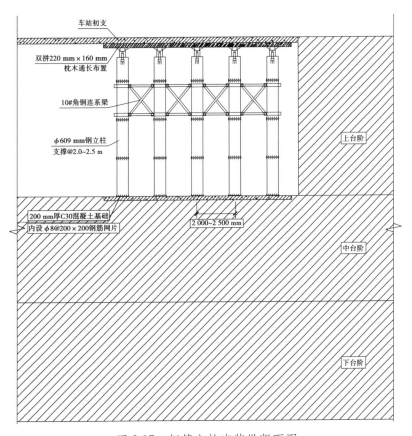

图 3.17 钢管立柱安装纵断面图

（7）双侧导坑4—7步开挖

中间钢管立柱施工完成后，按照顺序对4—7步范围进行开挖。剩余导坑分中、下两台阶进行开挖，开挖过程中在核心岩柱位置留设顶宽不低于4.5 m，坡面按坡比为1∶0.25留设梯形核心土，对核心土坡面进行锚喷支护，确保下部预留岩柱的稳定性，如图3.18所示。

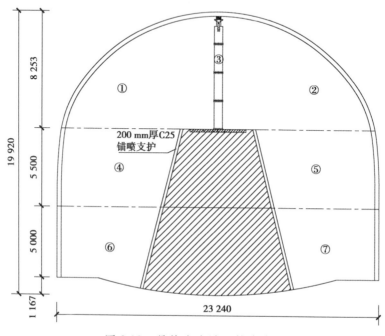

图3.18　导坑上台阶开挖步序图

（8）卸除支撑轴力、拆除枕木及剪刀撑

完成车站两侧导坑开挖支护工作且围岩及初期支护变形稳定后，在二次衬砌端部与钢管立柱距离满足设计要求时，可进行中间钢管立柱的拆除工作。工序如下：

a.场地准备：在准备拆除钢立柱范围内一侧导坑用挖掘机平整出具备高空作业车使用的场地。另一侧导坑平整出左线平整出具备25 t汽车吊使用的场地，场地要求平整、压实能满足吊车支腿吊装要求，满足地基承载力。

b.卸除支撑轴力：使用两台100 t液压千斤顶分别在活络端的两侧加力，两个千斤顶同步对称顶升，顶升至活络端限位销松动时保持压力，然后逐个取掉限位楔铁，楔铁全部取出后两个千斤顶对称同步卸力，让活络端下降到底部，然后取下千斤顶进行下根支撑的卸力，直到完成需拆除段所有钢支撑的卸力。

c.顶部枕木卸除：顶部枕木需在支撑轴力卸除后拆除，枕木的拆除可按照隧道找顶方法进行，人工使用撬棍撬落至左线导坑内，拆除时要求作业范围内 10m 没有人员及机械设备。

d. 钢立柱间连接角钢拆除：吊车在左线先就位，用吊车先吊住准备拆除的剪刀撑，然后依次切割掉剪刀撑与钢支撑的连接部位，最后用吊车将拆下的钢支撑平稳地放到地面上。

（9）钢支撑整根拆除、地面拆成节

根据计算钢立柱重心，首先拆除钢支撑 1 m 段和 2 m 段连接处法兰盘靠左线最外层的一颗连接螺栓，以此点作为整根支撑的起吊点。吊车左线就位后，先用钢丝绳及卡扣吊住钢支撑，拉直钢丝绳即可，然后使用两根缆风绳在支撑底端成 90° 夹角拉住，就位后拆除支撑底部连接。吊车缓慢提升，提升过程中工人缓慢释放缆风绳，至钢支撑平衡后吊至预先留出的场地放平。钢支撑拆除完毕后，将其拆卸成节，节段长度要求不超过 4 m，便于装车清运，并应及时清运出场。

（10）核心岩 9、10 步开挖

按照每解除段 8 m 的长度对核心岩 9、10 步进行开挖，9、10 步开挖与中间钢管立柱的拆除保持同步。同时需确保衬砌端部距离中间钢立柱间距 L 控制在 3 模二次衬砌长度以内。

（11）隧道仰拱及二次衬砌施工

核心岩柱开挖完成后，依次施作仰拱及二次衬砌。仰拱需与 10 步开挖跟进，同时严格控制衬砌端部与中间钢管立柱的步距要求。

3.2.4 资源要素配置

①隧道施工主要材料需求见表 3.3。

表 3.3 隧道施工主要材料

序号	材料名称	规格型号	数量	单位	备注
1	钢支撑	$\phi 609 \times 16$	20	m	0.5~3m 标准节
2	活络头	$\phi 609 \times 16$	4	个	含楔铁
3	螺栓	ϕ	192	套	
4	抱箍	$\phi 609$	8	套	
5	角钢	∟ 100×6	254.8	kg	
6	钢筋网	$\phi 8@200 \times 200$	498.8	kg	
7	混凝土	C30	6.4	m³	
8	喷射混凝土	C25	22.95	m³	
9	砂浆锚杆	C22	225	m	

续表

序号	材料名称	规格型号	数量	单位	备注
10	氧气瓶	40L	1	瓶	
11	乙炔瓶	40L	1	瓶	
12	扳手	活动扳手	4	个	

②隧道施工主要机具设备见表3.4。

表3.4 隧道施工主要机具设备

序号	机械设备	数量	单位	备注
1	多功能作业台架	1	台	开挖施工
2	双液注浆机	3	台	注浆
3	锚杆钻机	3	台	钻孔
4	钢筋弯曲机	1	台	钢筋加工
5	全站仪	1	台	放线定位
6	锚杆拉拔仪	1	台	锚杆施工
7	高空作业车	1	辆	钢立柱拆除
8	25 t 汽车吊	1	台	起重吊装
9	自卸汽车	3	辆	土方外运
10	装载机	1	辆	土方外运
11	挖掘机	1	辆	土方开挖

第 4 章　软岩地区超大断面轨道交通车站拱盖施工工法

拱盖法是在明挖法、盖挖法和 PBA（洞桩法）工法基础上创建的适用于特殊地层的一种暗挖施工方法。该方法针对重庆地区特殊地质条件，较好地适应了上软下硬、采用钻爆法暗挖施工的大跨度轨道交通车站的施工要求，具有环境影响小、工序少、效率高、施工安全可靠等突出优点，并成功应用于重庆轨道交通 9 号线一期工程红岩村站，取得了良好的社会效益和经济效益。

4.1　红岩村站工程概况

重庆轨道交通 9 号线一期工程（高滩岩—兴科大道）红岩村站位于重庆市渝中区，为 9 号线的第 7 座车站。车站位于经纬大道和沙滨路之间。车站东边为协信云栖谷小区，西边为协信阿卡迪亚小区，南向为汽配厂宿舍区，北向为规划环形道路通往沙滨路，此外东北侧紧邻轨道交通 5 号线与红岩村纪念馆，如图 4.1 所示。车站埋深较深，最大埋深超过 100 m，地质条件较好，主要岩层为砂岩和砂质泥岩。

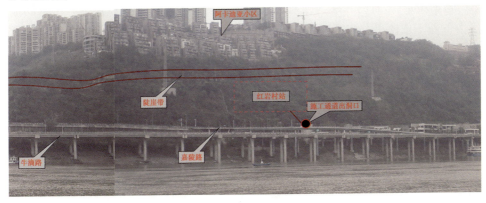

图 4.1　红岩村站地形全景图

红岩村站为地下两层暗挖车站，其整体结构布置三维立体图如图 4.2 所示。

地下一层为站厅层，地下二层为站台层，车站总长 262.3 m，总宽 21.8 m，中心里程处车站轨面埋深约 106.37 m，车站采用 13 米岛式站台，长度 140 m，单拱双层结构，车站隧道采用复合式衬砌，开挖净宽 24.24 m，开挖高度 21.23 m。车站共设两座风道，4 个出入口（其中 2 个为预留），1 个换乘通道，9 个安全出入口。

车站开挖工法采用初支拱盖法，以实现软岩地区深埋暗挖车站安全高效开挖。

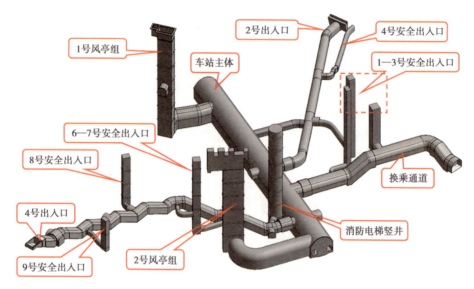

图 4.2　红岩村站整体结构布置三维立体图

红岩村站岩层岩性、水文地质、隧道围岩分级如下。

（1）岩层岩性

车站区间出露的岩层为强氧化环境下的河湖相碎屑岩沉积建造，出露的地层由上而下依次可分为第四系全新统填土层（Q_4^{ml}）、第四系全新统残坡积黏性土（Q_4^{el+dl}）、侏罗系中统沙溪庙组（J_{2s}）沉积岩层。岩性可分为砂岩、砂质泥岩。各层岩、土特征分述如下。

①第四系全新统填土层（Q_4^{ml}）。

人工填土（Q_4^{ml}）：人工填土基本上以素填土为主。素填土多为褐色、杂色，稍湿，以黏性土夹砂岩、泥岩碎（块）石为主，块、碎石粒径一般为 20~500 mm，部分可达 1 000 mm 以上，含量 20%~50%，块、碎石含量比例与深度、部位等无联系呈随机分布，一般为松散—稍密，局部存在架空现象。厚度一般为 0~10 m，钻孔揭示最大厚度 32.81 m（钻孔 ZK150），堆积方式为任意抛填，堆填时间 8 年以上。在填土底部、覆盖层与基岩接触带（基岩面附近）或上层滞水出路点地段，受地下水频繁活动影响，常形成以软—流塑状黏性土为主、厚度

0.10~0.30 m 的软弱薄层。

②第四系全新统残坡积黏性土（Q4^{el+dl}）。

第四系全新统残坡积黏性土为褐色、灰褐色，可塑状。干强度中等，韧性中等，稍有光滑，无摇振反应，残坡积成因，厚度 0~0.90 m。粉质黏土局部分布于场地地表及斜坡坡面，厚度一般较小。

③侏罗系中统沙溪庙组（J₂s）。

砂质泥岩：以红褐色—紫褐色为主，粉砂—泥质结构，中厚层状构造，主要矿物成分为黏土质矿物，局部含灰绿色砂质团块及条带。中等风化岩体裂隙不发育，岩体总体较完整，岩芯呈柱状~中长柱状。局部地段含砂重，强度变异性较大，岩体基本质量等级为Ⅳ级，为场地主要地层。

砂岩：灰色、灰红色，细粒结构，中厚层状构造，主要矿物成分为石英、长石及云母等，偶有钙泥质胶结。中等风化岩体裂隙不发育，岩体总体较完整，岩芯多呈柱状。岩体基本质量等级为Ⅲ—Ⅵ级。

场地内岩土界面受原始地形影响，起伏变化较大，局部受后期人工开挖施工影响，有陡坎存在。基岩强风化带厚度变化较小，基岩强风化带岩体破碎，风化裂隙发育，岩质软，岩体基本质量等级为Ⅴ级。厚度一般为 0.5~3.5 m，局部岩芯较破碎。

（2）水文地质

工程场地地形总体特征南高北低，地形较起伏较大，降水从高处向地处排泄，在地势低洼处汇集，水文地质环境总体较简单。地下水以松散孔隙水和基岩风化裂隙水为主，地下水总体较贫乏。补给源主要为冲沟和大气降水，水量大小受气候和季节性的影响，变化较大。

①松散层孔隙水埋藏于人工填土层和残坡积层中，多为局部性上层滞水。场地内土层主要为人工填土，人工填土的分布位置相对较高，下伏岩面较陡，降水进入填土层后易于向低洼处排泄，勘察期间将孔内循环水被提干后，观测恢复水位，24 h 后，基本无恢复水位，为干孔。

②基岩裂隙水包括风化裂隙水和构造裂隙水。风化裂隙水分布在浅表基岩强风化带中，由大气降水补给，水量小，受季节性影响大。构造裂隙水分布于厚层块状砂岩层中，以层间裂隙水或脉状裂隙水形式储存，泥岩相对隔水。工程区基岩中地下水水量有限，随季节有所变化，基岩裂隙水主要呈脉状或滴状，水量很小。

（3）隧道围岩分级

隧道段围岩分级按《城市轨道交通岩土工程勘察规范》（GB 50307—

2012）进行划分，以围岩的饱和抗压强度、裂隙发育情况、风化程度、岩体完整性系数和纵波波速进行围岩基本分级。具体执行时主要考虑隧道起拱线至拱顶以上 2 倍（Ⅰ—Ⅲ级）或 2.5 倍（Ⅳ—Ⅵ级）压力拱高度范围内的岩体特征，但对于埋深、偏压等设计、施工不确定的人为因素则未考虑。

砂岩：饱和抗压强度标准值为 31.5 MPa，总体为较硬岩，呈中厚层状；钻孔波速测试岩体完整系数为 0.76~0.81，现场钻孔砂岩岩芯采取率等综合判定，场地砂岩为完整岩体，岩体中发育 3 组构造裂隙，岩体呈大块状砌体结构，受地质构造影响较重，裂隙不发育—较发育，围岩基本级别为Ⅲ级。

砂质泥岩：饱和抗压强度标准值为 10.5 MPa，总体为软岩；岩体完整系数为 0.70~0.78，现场钻孔砂岩岩芯采取率等综合判定为较完整—完整，岩体中存在 3 组构造裂隙，岩体呈块石状镶嵌结构，受地质构造影响较严重，裂隙较发育，围岩基本级别为Ⅳ级。

综合上述条件，砂岩夹薄层砂质泥岩或与砂质泥岩互层且以砂岩为主，其围岩基本级别为Ⅲ级；砂质泥岩或夹薄层砂岩、砂泥岩互层以砂质泥岩为主，其围岩基本级别为Ⅳ级；洞顶以人工填土为主，其围岩基本级别为Ⅴ级。

4.2　拱盖法施工工法

①工法特点。该工法作为城市轨道交通深埋大断面隧道开挖技术，利用初期支护扩大拱脚，构建大拱脚受力体系形成"拱盖"，分阶段受力，解决了传统大断面隧道初期支护未落底前，须临时封闭成环减少应力集中的现象；该工法结合传统 CRD 工法、双侧壁导坑法优点的同时，使得拆除临时支护工程量大大减少，降低了施工过程中的安全风险，同时也加快了隧道的施工速度，保障了工期，保证了线路投入运营工期；工法通过构建大拱脚受力体系，为拱盖下部开挖提供足够大的作业空间、可投入大型机械设备，较大程度地解决了大断面隧道施工组织问题，有效降低施工管理成本，解决了工期紧张，避免抢工期现象发生。

②适用范围，该工法适用于 300~400 m² 以上的大断面，岩体完整性好、Ⅳ级围岩隧道开挖支护施工。

③工艺原理。该工法通过利用隧道大拱脚承载隧道上部荷载，形成"拱盖"受力体系，将开挖断面分成 11 部分，如图 4.3 所示，分部开挖、闭合成环，减少临时支护工程量，为中、下台阶提供机械化作业空间，确保大断面隧道安全、优质、快速施工。

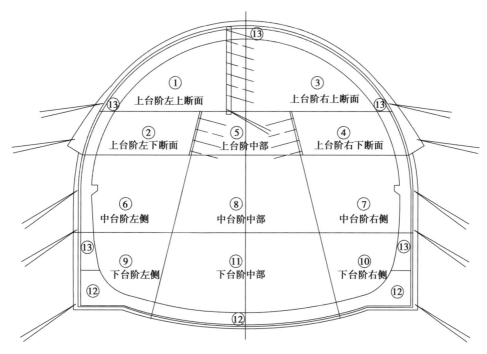

图 4.3 拱盖法施工断面示意图

①—上台阶左侧导坑上断面；②—上台阶左侧导坑下断面；③—上台阶右侧导坑上部断面；④—上台阶右侧导坑下部断面；⑤—上台阶中部核心土；⑥—中台阶左侧导坑；⑦—中台阶右导坑；⑧—中台阶中部导坑；⑨—下台阶左侧导坑；⑩—下台阶右导坑；⑪—下台阶中部导坑；⑫—仰拱；⑬—二次衬砌

4.3 拱盖法施工工艺流程及工法操作要点

4.3.1 施工工艺流程

拱盖法施工工艺流程图如图 4.4 所示。

4.3.2 工法操作要点

（1）施工准备

①做好施工现场"三通一平"工作，开挖作业台架加工到位。

②熟悉施工工艺，熟悉施工支护参数，对作业人员进行施工安全技术交底。

③初期支护材料到场，并送检合格。

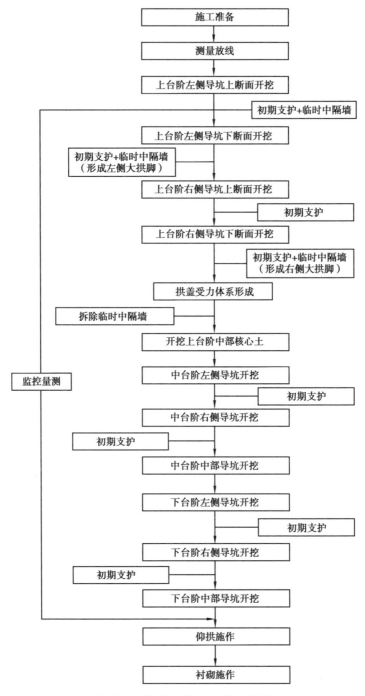

图 4.4　拱盖法施工工艺流程图

（2）测量放线

①洞外布设 GPS 精密导线网，作为首级控制网，控制整个隧道的施工，以

保证隧道贯通误差精度准确性。

②洞内平面控制布设主副导线闭合环,中间插小闭合环,形成多个闭合条件,数据处理时采用配套软件在计算机上进行导线网严密平差成果分析。

③洞内外高程控制测量。高程控制测量采用二等水准测量,水准测量使用DSZ2 型水准仪,2.0 m 长配套水准尺,分段往返闭合测量,闭合差按 $\pm 4\sqrt{n}$ 或 $\pm 12\sqrt{L}$(n—测站数,L—附合路线长度)控制。

④施工放样。开挖、支护时每 20 m 左右测设中线、高程一次,中桩采用钢筋混凝土桩防护,将路面中线设计标高标于左右边墙上,使用油漆纵向连接成标高控制线;二次衬砌时每模衬砌施工前恢复中桩,测量高程,并在短边墙顶作标记;成洞地段曲线上每 10 m 设中桩一处,直线地段 20 m 设一处,水准点每50 m 布设一处。

(3)洞身开挖施工

工法将隧道分为 11 部分施工,共分上、中、下三个台阶,分部导坑间距约5 m,上台高约 9.3 m,中台高约 5.3 m,下台高约 6.7 m,采用钻爆法开挖上、中、下台阶各部导坑,初期支护及临时支护钢拱架 0.75 m/ 榀,具体划分如图 4.5、图4.6 所示。

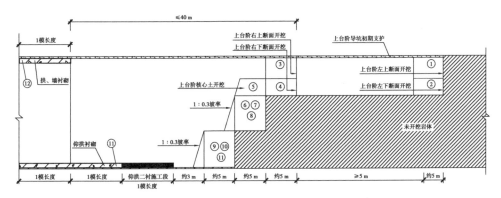

图 4.5 施工工序纵断图

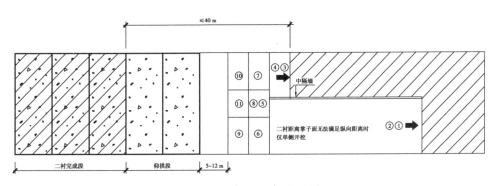

图 4.6 施工工序平面图

（4）施工工序步骤

a. 开挖上台阶左上断面①，如图4.7所示，及时进行初期支护及临时中隔墙，要求开挖进尺不得大于2榀钢架；开挖上台阶左下断面②，如图4.8所示，及时进行初期支护，要求开挖进尺不得大于2榀钢架。

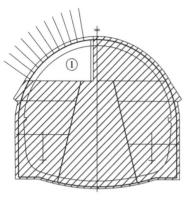
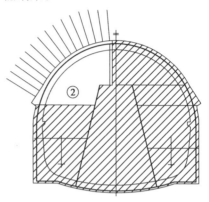

图4.7　上台阶左上断面开挖支护　　图4.8　上台阶左下断面开挖支护

b. 开挖上台阶右上断面③，如图4.9所示，及时进行初期支护，要求开挖进尺不得大于2榀钢架；开挖上台阶右下断面④，如图4.10所示，及时进行初期支护，要求开挖进尺不得大于2榀钢架（形成右侧大拱脚，同时形成拱盖受力体系）。

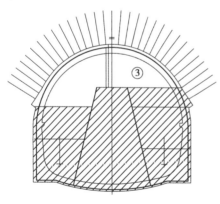

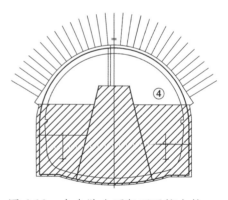

图4.9　上台阶右上断面开挖支护　　图4.10　上台阶右下断面开挖支护

c. 拆除临时中隔墙，开挖上台阶中部核心土⑤，如图4.11、图4.12所示。

d. 开挖中台阶左断面⑥，如图4.13所示，及时进行初期支护，要求开挖进尺不得大于2榀钢架；开挖中台阶右断面⑦，如图4.14所示，及时进行初期支护，要求开挖进尺不得大于2榀钢架。

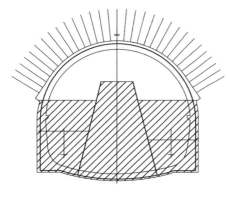

图 4.11　拆除临时中隔墙

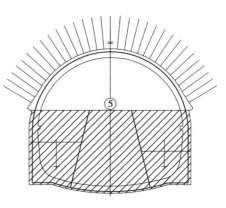

图 4.12　开挖上台阶中部核心土

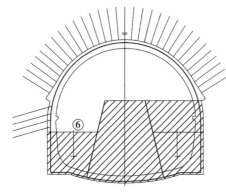

图 4.13　中台阶左断面开挖支护

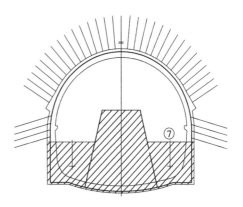

图 4.14　中台阶右断面开挖支护

e. 开挖中台阶中部断面核心岩柱⑧，如图 4.15 所示；开挖下台阶左断面⑨，如图 4.16 所示，及时进行初期支护，要求开挖进尺不得大于 2 榀钢架。

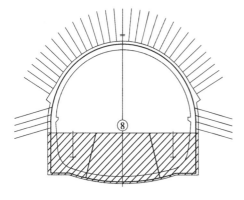

图 4.15　中台阶中部断面核心岩柱开挖

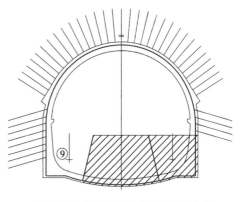

图 4.16　下台阶左断面开挖支护

f. 开挖下台阶右断面⑩，如图 4.17 所示，及时进行初期支护，要求开挖进尺不得大于 2 榀钢架；开挖下台阶中部核心土⑪，如图 4.18 所示。

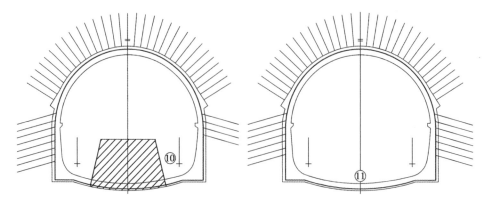

图 4.17　下台阶右断面开挖支护　　　图 4.18　下台阶中部核心土开挖

g. 采用上、中、下左中右导坑开挖，上、中、下台阶左中右导坑错开约 5 m，掌子面均采用钻爆法开挖，开挖时严禁超欠挖，每次进尺 1.5 m（即两榀格栅钢架），开挖后立即素喷一层厚约 4 cm 的 C25 混凝土，安装格栅钢架（包含临时支护Ⅰ25b 型钢架）和铺好钢筋网（双层 A8@200×200）；初支完成后，及时施作仰拱、衬砌。

h. 开挖①部，施作①部导坑周边的初期支护和临时支护，即初喷 4 cm 厚混凝土，铺设钢筋网，架立 H280×H240 格栅钢架和Ⅰ25b 型临时钢架，并设锁脚锚杆；钻设径向锚杆后复喷混凝土至设计厚度。

i. 在滞后①部一段距离后，开挖②部；导坑周边部分初喷 4 cm 厚混凝土，铺设钢筋网；接长格栅钢架和挂设临时钢筋网、锚杆，并设锁脚锚杆，钻设径向锚杆后复喷混凝土至设计厚度；大拱脚的施工需要采用爆破开挖配合机械施工的方式进行，靠近大拱脚处采用机械开挖，避免大拱脚处岩体扰动影响整体受力，如图 4.19 所示；如果出现岩层有水的情况，或者岩层变软的情况，需要控制好岩层的开挖效果，防止超挖；如果出现超挖的情况，需要加设钢筋及满喷混凝土，拱脚周边有爆破的时候，需要减小振动，防止对已做完的拱脚产生影响。

j. 开挖③部并施作导坑周边的初期支护和临时支护；开挖④部并施作导坑周边的初期支护和临时支护，形成右侧大拱脚，此时拱盖受力体系形成，如图 4.20 所示；在滞后于④部一段距离后，拆除临时中隔墙，开挖⑤部核心土；在滞后⑤部一段距离后，开挖⑥部，导坑周边部分初喷 4 cm 厚混凝土，铺设钢筋网，接长格栅钢架，打设锁脚锚杆，钻设径向锚杆后复喷混凝土至设计厚度；开挖⑦部并施作导坑周边的初期支护；在滞后于⑦部一段距离后，开挖⑧部核心土；在滞后⑧部一段距离后，开挖⑨部并施作导坑周边的初期支护；开挖⑩部并施作导坑周边的初期支护；在滞后于⑩部一段距离后，开挖⑪部核心土；浇筑仰拱填充至设计高度，利用衬砌模板台车一次性灌注拱墙衬砌（拱墙衬砌一次施作）。

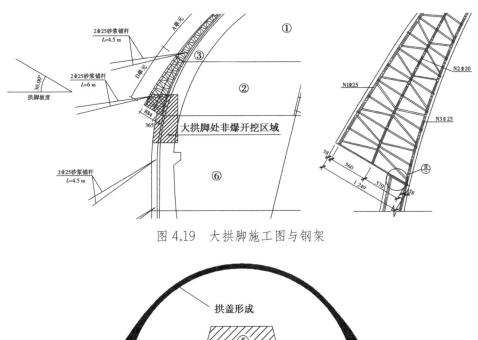

图 4.19　大拱脚施工图与钢架

图 4.20　拱盖形成示意图

4.4　资源要素配置

①施工材料。施工所用材料的规格、性能应符合设计及规范要求，并经检测合格后方可使用，主要材料见表 4.1。

表 4.1　施工主要材料

序号	材料名称	型号规格	备注
1	粗骨料	级配碎石	根据现场及试验确定
2	细骨料	中粗砂	根据现场及试验确定
3	水泥	P.O42.5	根据现场及试验确定
4	外加剂	—	根据现场及试验确定
5	钢筋	—	根据设计确定
6	砂浆锚杆	$\Phi 22$ mm、$\Phi 25$ mm、$\Phi 28$ mm	
7	中空锚杆	$\Phi 25$ mm	
8	锚杆托板	200 mm × 200 mm × 6 mm	
9	型钢	I 25b	
10	角钢	—	根据设计确定
11	无缝钢管	$\Phi 42$ mm	

②车站施工机械设备配置见表 4.2。

表 4.2　施工机械设备配置

序号	设备名称	规格	数量	单位
1	轴流式通风机	55 kW	2	台
2	低压变压器	400 kVA	1	台
3	高压风机	20 m³/min	2	台
4	凿岩台车	自制	2	台
5	风动凿岩机	YT-28	32	台
6	挖掘机	320 型	2	台
7	装载机	ZLC50C	2	台
8	自卸车	10 m³	2	台
9	锚杆钻机	MZ165	2	台
10	混凝土搅拌机	PL120	1	台
11	混凝土喷射机	TK-961	2	台
12	注浆机	KBY50-70	2	台

第 5 章　轨道交通暗挖车站施工通道进正洞门字架挑顶施工工法

城市繁华区域、交通要道和人口密集地段，为了不破坏现有的交通设施，不影响工程周边居民的日常生活，越来越多的轨道交通车站采用暗挖法施工。施工通道与车站主体交叉口处受力转换复杂，结构易失稳。本章以重庆轨道交通 9 号线一期工程李家坪站为工程背景，对施工通道与车站交叉口原设计施工方案进行优化，采用门字架挑顶的方式，结合型钢拱架及锚喷支护的形式，形成超大断面受力转换施工，施工效果良好，确保交叉口施工安全质量。

5.1　李家坪站工程概况

重庆轨道交通 9 号线一期工程（高滩岩—兴科大道）李家坪站为全线第 9 座车站。车站位于重庆市江北区嘉华大桥北引道李家坪立交附近，线路大致呈南北走向。车站东北侧为白猫安置房，西北侧为李家坪立交，车站大部分位于嘉华大桥北引道东侧山体边坡内，小里程端位于嘉华大桥北引道正下方。车站起点里程为 YDK10+554.613，终点里程为 YDK10+812.113，总长度 257.5 m。车站为地下两层拱形暗挖岛式车站，隧道为直墙圆拱暗挖隧道断面，采用复合式衬砌结构。车站共设置 3 座出入口、4 组风亭和 1 座安全出入口。

车站主体隧道采用暗挖钻爆法施工，车站两端区间隧道采用钻爆法施工，车站主体施工由 2 号辅通道挑顶施工进入完成转换施工。2017 年 9 月 3 日李家坪站开始进行挑顶施工，2017 年 10 月 2 日完成 2 号辅通道至车站主体施工的转换施工。李家坪 2 号辅通道进入车站转换段开挖过程中，采用了门字架挑顶工法施工，确保了隧道围岩及支护结构均处于稳定状态，保证施工的安全，确保正常的施作速度。

施工期间，按照监测要求，将在 2 号辅通道与李家坪车站交叉处布置两个监测断面，用全站仪监测隧道拱顶的沉降位移，两个断面的拱顶沉降曲线变化趋势类似，挑顶的有效作用，拱顶沉降速率满足要求，曲线缓慢趋于平衡，沉降值满足相关规范和设计要求。施工监测数据表明李家坪站 1 号监测断面拱顶下沉累计 5.00 mm，收敛累计 5.60 mm，2 号监测断面拱顶下沉累计 3.50 mm，收敛 6.60 mm。实践表明，采用门字架挑顶工法施工，确保了隧道围岩及支护结构均处于稳定状态，保证施工的安全，确保正常的施作速度。

5.2 工法特点

①本工法适用于铁路、公路隧道、轨道交通工程及地下空间暗挖中，施工通道或斜井同平面垂直进入隧道主体的施工工况。

②施工通道与车站交叉口处于复杂的三维受力状态，确保车站主体挑顶安全施工，转换门架、钢拱架等必须坐落于一个牢固的落脚点平台，加强车站初期支护锁脚锚杆施工，防止拱架下沉。

③先将施工通道开挖支护至与车站外边线接口位置，在接口位置架设 3 榀 I25b 门型钢架加强支护，待后期门字架拆除后，作为主体结构型钢的支座。

④车站横通道以门型钢架形式进行支护，在门型钢架上焊接型钢加腋以使结构达到更好的受力状态，边挖边立门字架并喷锚，形成门字架支护体系。避免常规做法横通道进入车站主洞边墙后再进行反挖的安全风险。

⑤车站横通道跨度较大，数据处理和信息反馈技术应用于施工，利用监控量测指导施工，动态修正循环进尺距离，每道工序做好衔接确保施工安全、快速。

⑥主体结构强度达到设计强度后即可拆除临时钢拱架，避免常规做法临时钢拱架多次拆除的过程，节省工期，有利于安全施工。

⑦工艺原理。施工通道施工至接口位置，末端密排 3 榀 I22b 工字钢，待门字架拆除后作为主体型钢钢架的支座。施工通道继续向前施工，开挖车站断面范围内矩形通道，根据车站拱顶高程变化架设门式钢架，施作锁脚锚杆锚入岩层。门式架施工完成后施工车站主体挑顶断面异形型钢拱架及喷锚作业，主体断面异形工字钢一端与密排三榀拱架栓接，另一端立在稳定的基岩上，待喷射混凝土达到设计强度后，进行门字架拆除。

5.3 施工工艺流程及工法操作要点

5.3.1 施工工艺流程

轨道交通暗挖车站施工通道进正洞门字架挑顶施工工艺流程如图 5.1 所示。

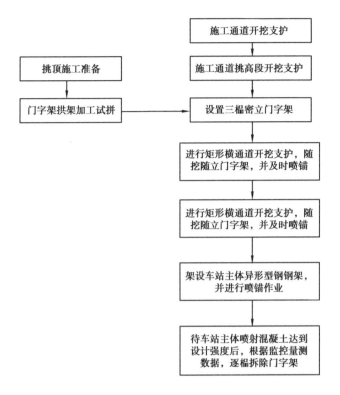

图 5.1　施工通道进正洞门字架挑顶施工工艺流程

5.3.2　工法操作要点

①由于施工通道断面小且拱顶标高低于车站拱顶标高，施工通道施工至距离车站结构 5 m 位置时，施工通道拱部抬升，拱顶坡度为 20%~30% 并与车站拱顶相切，提前进入挑顶作业。施工通道至接口位置，末端密排三榀Ⅰ22b 工字钢，设置门式钢架，施作初期支护，如图 5.2、图 5.3 所示。

②继续向前施工车站断面范围内矩形通道，每次开挖支护不超过 2 榀。矩形通道上台阶按 20% 坡度上坡掘进车站主体中部，再由车站主体中部按照 15% 下坡掘进至距离正洞左侧边墙 2 m 左右，剩余部分沿车站开挖轮廓采用机械进行开挖，如图 5.4 所示。根据高度变化架设门式钢架，考虑到门字架预留变形量及测量误差，矩形横通道支护完成顶面应高于车站开挖面 100 mm，门式钢架内侧应将初支轮廓包含在内，矩形横通道施作过程中同时施作主体隧道初期支护砂浆锚杆，砂浆锚杆预留并超出喷射混凝土面成 L 形，后期与车站主体弧形型钢进行焊接。门式钢架上焊接型钢加腋以使结构达到更好的受力支护效果，门字架体连接接头位置必须设置 2C22，L=4 m 的锁脚锚杆，如图 5.5、图 5.6 所示。

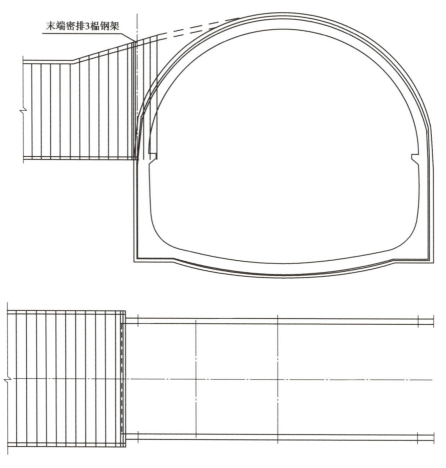

图 5.2　施工通道进入车站挑顶施工步序（一）

图 5.3　施工通道接口处密排 3 榀拱架

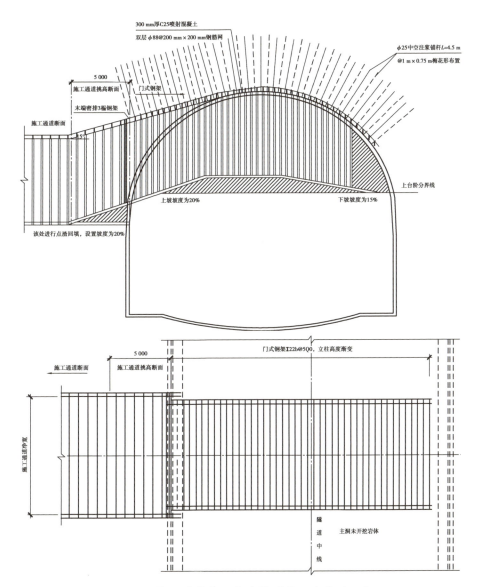

图 5.4　施工通道进入车站挑顶施工步序（二）

图 5.5　门字架上焊接型钢加腋

图 5.6　砂浆锚杆预留成 L 形

③门型钢架施作完毕后，紧贴门型钢架内侧安装车站型钢拱架，施作车站初期支护，型钢拱架靠右侧立于基岩上，左侧靠施工通道侧立于联立 3 榀门型架侧面连接板上，并在钢架两端及接头位置施作长度 L=6 m 的 2C22 锁脚锚杆，如图 5.7、图 5.8、图 5.9 所示。

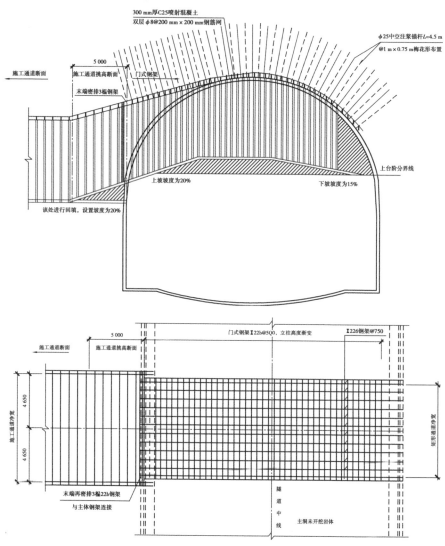

图 5.7　施工通道进入车站挑顶施工步序（三）

图 5.8　车站主体弧形拱架安装　　图 5.9　弧形钢架与连接板及锚杆连接

④待挑顶横通道内施工监测数据稳定且均在允许范围内时，破除大里程方向左侧导坑上部门型拱架边墙，跳榀拆除门型拱架立腿，加强观测，监测数据稳定且在允许范围内时拆除剩余门型拱架立腿。必要时采用长度 $L=6$ m 的 2C22 砂浆锚杆对门字架体拱架横梁进行加固，然后沿车站纵向方向开挖并施作导洞初期、临时支护，左侧掘进大致 5~10 m 后，按照上述步骤拆除小里程端右侧导坑上部，进行小里程右侧上部导坑开挖支护，保证左右导洞开挖进尺错开 15 m。左侧大里程导洞及右侧小里程导洞开挖支护完成 15 m 后，按照上述步骤施作左侧小里程导洞和右侧大里程导洞开挖支护，按照双侧壁导坑法进行车站主体开挖支护，如图 5.10 所示。

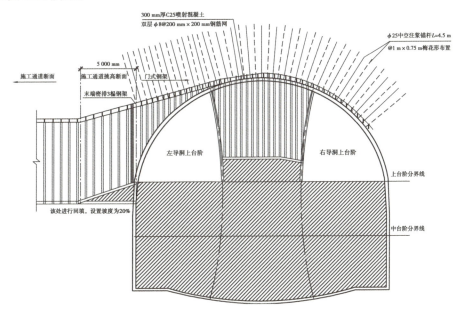

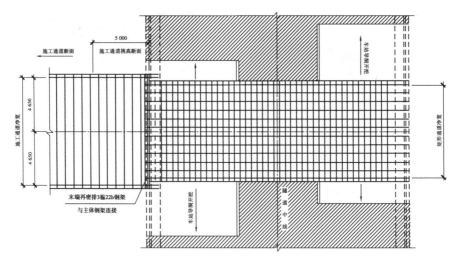

图 5.10　施工通道进入车站挑顶施工步序（四）

5.4　资源要素配置

①车站施工主要材料需求见表 5.1。

表 5.1　主要材料

序号	项目名称	材料及规格	数量	单位	备注
1	喷射混凝土	C25	170.5	m³	横梁 360 mm 厚，侧墙 200 mm 厚
2	钢筋网片	8 mm，@200 mm×200 mm	2.98	t	顶部采用双层钢筋网片，侧墙采用单侧钢筋网片
3	钢架	I22b	41.5	t	
4	锁脚锚杆	C22 锁脚锚杆，L=4 m	2 224	m	
5	侧墙锚杆	C22 砂浆锚杆，L=2 m	990	m	
6	螺栓螺母	M20	1 284	套	
7	连接筋	C22	1.59	t	

②车站施工机械设备配置见表 5.2。

表 5.2　机械设备配置

序号	机械名称	规格或型号	数量	单位
1	空压机	24 m³/min	3	台
2	锚杆钻机	—	3	台
3	挖掘机	PC200-6	1	台

续表

序号	机械名称	规格或型号	数量	单位
4	混凝土拌和站	40 m³ /h	1	座
5	自卸汽车	25 t	3	辆
6	小型农用车	5 t	1	辆
7	装载机	ZL50C	1	台
8	装载机	ZL40	1	台
9	风动凿岩机	YT28	10	台
10	多功能作业台架	—	1	台
11	射流通风机	SDDY–Ⅱ	2	台
12	混凝土湿喷机	TK–961	2	台
13	变压器	800kV·A	1	台
14	双液注浆机	ZKSY90-125	2	台
15	电焊机	BX3-500A	8	台
16	打磨机	—	1	台
17	切割机	—	2	台

第6章 城市轨道交通工程区间隧道施工工法

城市轨道交通区间隧道施工工法包括明挖法、暗挖法和盾构法。目前，在不具备明挖施工条件下，从施工安全和环境保护因素出发应尽可能考虑盾构施工，对于坚硬围岩，盾构破岩效率较低，施工进度较慢，施工成本较高，综合考虑围岩等级要求和经济效益，一般采用矿山法施工。但矿山法施工存在作业人员多、安全风险大、噪声大、振动大、扬尘大等缺点，经常受到外界因素的制约而导致停工，造成工期延后和经济损失，特别是人员流动量较大、居民较集中、地面有重点保护构筑物的区域，传统的矿山法爆破施工振动对周边建筑物及居民生活影响较大，已无法正常开展施工作业。依托重庆城市轨道交通9号线一期工程，研究、实施、总结了区间隧道悬臂式掘进机施工方法、轨道线路区间叠线段施工与支护方法，解决了由外部因素导致长期停工的难题，工效指标得到提高、超挖控制较好、作业面平顺、外观美观，取得了良好的效果。

6.1 区间隧道悬臂式掘进机施工工法

6.1.1 蚂蝗梁站工程概况

蚂蝗梁站是重庆轨道交通9号线一期工程第11座车站，为地下两层暗挖车站。车站中心里程为右DK11+569.250，车站位于蚂蝗梁立交下方，呈东西向敷设。车站周边现状以老式居住区为主，其次为商业绿地及市政用地。车站为地下岛式车站，采用马蹄形断面，全长212.0 m，洞高约19.5 m，洞宽22.6 m，开挖断面面积约440 m²，为暗挖隧道，采用钻爆法施工。车站设施工通道一座，施工通道主洞接入车站站厅层，其中主通道敞口段长度为7.3 m，支通道接车站站台层。蚂蝗梁站施工主通道与3B出入口合建，后期待实施出入口时再施工二衬及边墙外封堵。施工主通道全长为338.1 m，接入车站站厅层，施工支通道长度为81.1 m，接入车站站台层。通道暗挖标准断面净宽为6.5 m和8.0 m，人防断面净宽

70

为 9.5 mm，隧道断面采用直墙拱型断面。施工通道（兼为出入口）临近城市居民区，下穿多栋建筑楼房，因此 3B 出入口施工通道 K0+000~K0+240 范围内采用机械开挖，主通道其余范围包括支通道均采用爆破开挖。车站地层岩性、水文地质条件、隧道围岩分级如下。

（1）地层岩性

场地原始地貌为构造剥蚀浅丘地貌，地面已被城市道路及建筑物所覆盖，地形整体较为平缓，地形坡角一般在 3°~8°，局部堡坎可达 40°~60°，沿线地面高程 230~290 m，相对高差约 60 m。经地面地质调查和钻孔揭示，勘察区出露的地层由上而下依次为第四系全新统人工填土层（Q_4^{ml}）、粉质黏土（Q_4^{el+dl}）及侏罗系中统上沙溪庙组（J_{2s}）沉积岩层。

①第四系全新统人工填土层（Q_4^{ml}）。

素填土：紫红色、灰色，松散—稍密，稍湿，主要由砂岩、砂质泥岩块石和碎石及黏性土组成，局部见少量废弃砖块及生活垃圾。块、碎石等骨架颗粒含量为 20%~45%，粒径一般为 50~300 mm，分布于整个场地，厚度 0.0~20.5 m。

杂填土：杂色、黑色等，主要由废弃砖块、混凝土及生活垃圾组成。硬杂物含量为 60%~80%，主要分布在民房拆迁区域，根据钻探钻进情况，场地内钻孔有垮塌埋钻等现象，回填年限 1~3 年。

②粉质黏土（Q_4^{el+dl}）。

浅紫褐色、灰色、黄褐色，可塑—硬塑状，无摇振反应，断口稍有光泽，干强度中等，韧性中等，在场地沟谷地段分布，厚度 0.0~7.3 m。

③侏罗系中统沙溪庙组（J_{2s}）。

砂质泥岩：以紫褐色、紫红色为主，粉砂泥质结构，中厚层状构造，主要矿物成分为黏土矿物。表层强风化带厚度一般为 1.0~3.5 m，强风化层岩芯呈碎块状、粉状，风化裂隙发育；中风化岩芯呈柱状—中、长柱状，岩体较完整—完整，岩石饱和单轴抗压强度 6.4 MPa，属软岩，分布于整个场地。

砂岩：灰色、青灰色，细粒—中粒结构，中厚层状构造，泥钙质胶结，主要矿物成分为石英、长石等。强风化层厚度一般为 1.0~3.0 m，强风化层岩芯多呈碎块状、短柱状或粉状；中风化岩芯呈柱状、长柱状，岩体较完整—完整，岩石饱和单轴抗压强度为 36.5 MPa，属较硬岩。

场地基岩强风化带厚度一般以 1.0~3.5 m 为主，基岩强风化带岩体破碎，风化裂隙发育，岩质软，岩体基本质量等级为 V 级。

（2）水文地质条件

车站主要位于构造剥蚀丘陵地貌上，第四系覆盖层在沟谷地段厚度较大，基岩为砂岩和泥岩互层的陆相碎屑岩，含水相对较弱。地下水的富水性受地形地貌、岩性及裂隙发育程度控制，主要为大气降水、地下管网渗漏补给，水文地质条件简单。根据沿线地下水的赋存条件、水理性质及水力特征，沿线地下水可分为第四系松散层孔隙水和基岩（红层）裂隙水。场地地下水主要分布于车站主体中部低洼地段的人工填土层孔隙中，水位为 260~270 m。

①第四系松散层孔隙水。

不连续分布在人工填土层中，多为局部性上层滞水，水量动态变化幅度大，水质成分由含水介质的性质决定，主要由大气降水及地下排水管线渗漏补给。根据勘察，沿线松散层孔隙水主要分布在里程 CK11+511~CK11+650 及 1B 出入口进洞段的原始地貌低洼区，其余里程段由于覆盖层厚度较小，地下水赋存条件差。勘察期间地下水微弱，根据初步勘察成果并结合沿线相邻场地勘察成果：残积、坡积层中的地下水，水质较好，化学成分属 $HCO_3~Ca$、Na 型，矿化度低，对混凝土具有微腐蚀性。

②基岩（红层）裂隙水。

基岩（红层）裂隙水包括风化裂隙水和构造裂隙水。风化裂隙水分布在浅表层基岩强风化带中，为局部上层滞水或小区域潜水，水量小，受季节性影响大，各含水层自成补给、径流、排泄系统；构造裂隙水分布于中下部的中厚—厚层块状基岩裂隙中，以层间裂隙水或脉状裂隙水形式储存，水量大小与裂隙发育程度和裂隙贯通性密切相关。其补给源主要为大气降水和管网渗漏，水量大小与岩体中裂隙的发育程度密切相关，一般呈滴状或脉状，动态不稳定。

本次勘察选取钻孔 9MHZ17 进行抽水试验，该钻孔一抽即干，静置观察16 h，未见明显水位恢复。根据场地填土的密实度及《重庆轨道交通九号线一期（高滩岩—回兴）初步勘察报告》抽水试验成果，该场地内填土的渗透系数为 0.4~1.0 m/d。

（3）隧道围岩分级

隧道围岩分级按《铁路隧道设计规范》（TB 10003—2016），根据岩体坚硬程度、完整性程度、地下水、初始地应力场等对围岩进行基本分级，然后根据地下水状态及地应力进行围岩分级修正，从而确定围岩的最终级别。围岩基本分级：人工填土，结构稍密—中密，围岩基本分级为 V 级；砂质泥岩单轴饱和抗压强度标准值 6.4 MPa，属软岩，节理较发育，岩体较完整，围岩基本分级为 IV 级；砂岩单轴饱和抗压强度标准值 36.5 MPa，属较硬岩，节理较发育，岩体较完整，围岩基本分级为 III 级。

6.1.2 方法特点

①该方法适用于围岩单轴抗压强度 100 MPa 以内的暗挖区间隧道施工，尤其对于中风化泥岩、泥灰岩、砂岩等中等硬度以下的围岩，施工效率可达 $25\sim40\ m^3/h$。

②适应性强，对于人员流动量较大、居民较集中、地面有重点保护构筑物的区域依然可以正常开展施工作业。

③采用机械化作业，效率高、机动性强，不受人力资源、炸药管控等因素制约，可操作性强。

④施工作业人员少、距离掌子面较远，对围岩扰动小，避免群伤事故，安全系数高，施工安全更有保障。

⑤地面无震感，避免地面构筑物损坏，对外界影响小，可消除社会不良影响。

⑥掘进机掘进时周边围岩控制相对较准确，开挖轮廓平整度、圆顺度较好，超挖控制较好，能有效地减少喷射混凝土的超方量，节约施工成本，经济效益高。

⑦工艺原理。悬臂式掘进机是一种能够实现截割、装载运输、自行走及喷雾除尘的联合机组。施工前，根据区间隧道围岩等级，选择参数合适的悬臂式掘进机。悬臂式掘进机主要由切割机构、装载机构、运输机构、行走机构、机架及回转台、液压系统、电气系统、冷却灭尘供水系统以及操作控制系统等组成，在施工现场进行组装。施工时，通过悬臂式掘进机前端切割结构的上、下、左、右摆动及切割头的旋转破岩，可实现城门洞形、半圆形、矩形、马蹄形等不同形状的断面掘进。切削的碎石由前端铲板收集并由耙爪输送至刮板运输机，通过掘进机内部输送至掘进机尾部，再由装载机装入出渣车运出洞外。

6.1.3 施工工艺流程

施工工艺流程如图 6.1 所示。

6.1.4 施工操作要点

（1）悬臂式掘进机概况

悬臂式掘进机按照截齿布置方式分为纵轴式和横轴式两种，纵轴式掘进机的截齿轴线和悬臂轴线相重合，如图 6.2 所示。横轴式掘进机截割头轴线与悬臂轴线相垂直，如图 6.3 所示，横轴式掘进机操作比较复杂，结合城市轨道交通工程隧道断面较小的特点，首选纵轴式掘进机。

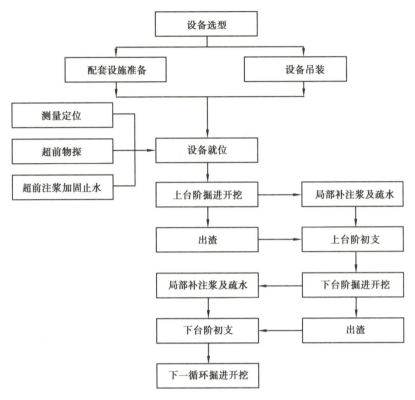

图 6.1　悬臂式掘进机施工流程图

图 6.2　纵轴式掘进机

图 6.3　横轴式掘进机

　　目前，市场上可供选择的悬臂式掘进机较多，国外生产厂家主要有英国多斯克公司、德国保拉特公司、奥地利阿尔卑尼公司、日本三井三池公司等，国内生产厂家主要有三一重工股份有限公司、徐工集团等，各生产厂家均有满足不同岩石硬度要求的掘进机型号。经市场调研，徐工集团生产的悬臂式掘进机价格相对较低，为国产品牌，维护保养、技术服务相对便捷，作为首选品牌，单臂掘进机各型号见表 6.1。

表 6.1　单臂掘进机各型号主要技术参数表

型号	长 /mm	铲板宽 /mm	截割头水平放置最高点 /mm	切割高度 / mm	切割宽度 / mm	最大 / 经济切割强度 /MPa
EBZ135	8 932	2 800/2 400	1 862	4 740/4 350	4 842/4 670	≤ 70/60
EBZ135L	8 932	2 800	1 600	4 000	4 842	≤ 70/60
EBZ160	9 340	2 900/2 500	2 007	4 800/1 770	5 400/5 250	≤ 80/60
EBZ200A	10 525	3 200/2 800	2 210	5 030/4 650	6 260/2 700	≤ 90/70
EBZ200R	11 470	3 200/3 600/ 3 000/2 800	2 345	4 800	6 040	≤ 100/80
EBZ230	11 470	3 200/3 600/ 3 000/2 800	2 345	4 800	6 040	≤ 100/85
EBZ260	11 677	3 200/3 600/ 3 000/2 800	2 650	5 030	5 950	≤ 110/90
EBZ320	13 000	3 800	2 690	5 700	7 100	≤ 130/100
XTR260	18 000	3 400	4 210	7 100	7 500	≤ 120/90
XTR4/230	13 470	2 200	2 200	4 600	5 100	≤ 90/60
XTR6/260	14 000	3 600	4 290	6 200	6 000	≤ 110/70
XTR6/320	15 000	3 800	2 900	6 500	7 100	≤ 130/100
XTR7/260	14 000	3 800	4 125	7 200	7 500	≤ 120/90
XTR8/320	22 900	4 200	5 200	8 800	9 500	≤ 130/100

　　结合项目实际情况，从区间岩体强度、断面尺寸、综合投入成本等因素选择最优的型号。悬臂式掘进机选型除满足隧道断面形状与外形尺寸外，还需考虑悬臂式掘进机类型、性能、配套设备、辅助工法等。悬臂式掘进机选型依据主要有工程地质与水文地质条件，根据交通水利等工程隧洞地质复杂特性，围岩情况难以预测，在断面大小满足悬臂式掘进机尺寸情况下易优先选用 200 kW 以上的重型悬臂式掘进机，定位开挖宽度、高度达到 7 m×6 m 左右，以提高掘进机对围岩的适应性，使悬臂式掘进机经济可掘围岩单轴抗压强度达到 100 MPa。选型时，除考虑围岩的地质条件外，还应考虑隧道断面形状、隧道外形尺寸、隧道埋深、地下障碍物、地下管线及构筑物、地面建筑物、地表隆沉要求等，经过适用性、技术、经济等原则比较后综合确定悬臂式掘进机型号。以徐工 XTR6/260 悬臂式掘进机为例，如图 6.4 所示，其单臂掘进机主要技术参数见表 6.2。

图 6.4　徐工 XTR6/260 悬臂式掘进机

表 6.2　徐工 XTR6/260 单臂掘进机主要技术参数表

序号	名称	参数	序号	名称	参数
1	设备型号 /m	XTR6/260	14	铲板抬升量 /mm	380
2	机体总长 /m	14	15	龙门高度 /mm	450
3	机身高度 /m	4.29	16	地隙 /mm	250
4	铲板总宽 /m	3.6	17	装载能力 /($m^3 \cdot min^{-1}$)	4.3
5	履带外宽 /m	3	18	运输能力 /($m^3 \cdot min^{-1}$)	4.75
6	机体总重 /t	90	19	截割硬度 /MPa	<100
7	截割高度 /m	6.2	20	接地比压 /MPa	0.21
8	截割宽度 /m	6	21	系统压力 /MPa	25
9	截割面积 /m^2	37	22	整机功率 /kW	462
10	最小转弯半径 /m	10	23	截割电机功率 /kW	260
11	爬坡能力 /(°)	±18°	24	油泵电机功率 /kW	137
12	截割头卧底量 /mm	200	25	供电电压 /V	AC1140
13	铲板卧底量 /mm	250	26	外来水压力 /MPa	2

（2）配套设施

①供电系统：掘进机配套电压为 1 140 V，总功率为 462 kW。而现场供电为普通工业用电，需拉引大电为掘进机组供电。由地面配电室拉引 10 kV 用电经竖井电缆至竖井井底掘进机配套专移动箱式变压器，用移动变压器将 10 kV 电压变至 1 140 V 电压后经掘进机电缆为掘进机供电。移动箱式变压器参数见表 6.3。如果拉引大电有困难，也可采用发电机组进行供电，发电机组功率为 1 100 kW，因机组启动时电流较大，需配备软启动。

表 6.3　移动箱式变压器参数

名称		参数
移动箱式变压器		10 kV 转 1 140 V 容量 800 kVA，推荐型号：ZGS11-Z-10/1.2-800
电缆	变电站—变压器	铜线电缆（线径、长度应根据实际施工情况、供电局要求选择）
	变压器—掘进机	（≤ 500 m）铜线电缆，推荐型号：MYP-0.66/1.14-3×95+1×25

②供水系统：掘进机施工时，截割头及机组部件会产生高温和粉尘，需要冷却水对截割头及机组部件进行降温，通过喷雾系统进行降尘。

③通风管理：隧道内粉尘主要来源于悬臂式掘进机截割头截割岩石过程中产生，为保证区间隧道内施工环境，区间采用压入式通风，通过风机从地面压入新鲜空气，对隧道内浊气及粉尘进行稀释和置换，经过洞内降水除尘处理后，剩余粉尘通过竖井排出隧道并在地面进行收集，确保作业面的空气环境能够满足施工要求。

隧道在整个施工过程中，洞内作业环境应符合下列卫生标准：

a. 洞内氧气含量按体积比不得小于 20%；

b. 粉尘最高允许浓度：每立方米空气中含游离二氧化硅在 10% 以上时，粉尘不超过 2 mg/m³；含游离二氧化硅在 10% 以下时，不超过 10 mg/m³，水泥粉尘则不超过 6 mg/m³；

c. 有害气体最高允许浓度：一氧化碳含量不大于 30 mg/m³；二氧化碳按体积计不大于 0.5%；氮氧化物（NO_2）含量不大于 5 mg/m³；洞内气温不得大于 28 ℃，噪声不大于 90 dB，甲烷（CH_4）浓度不大于 0.3%。

d. 风机型号通过计算风量进行选择和确定，计算如下：

$$Q = 60 \times v \times s \tag{6.1}$$

式中　v——最小风速，m/s；

　　　s——隧道开挖面积，m²。

已知 v=0.15 m/s，s=34.3 m²，风量 Q=308.7 m³/min

$$Q = q \times M \times K \tag{6.2}$$

式中　q——洞内每分钟人均需要新鲜空气量，m³/min；

　　　M——洞内最多同时工作人员；

　　　K——备用系数。

已知 q=3 m³/min，M=15，K=1.25，风量 Q=56.25 m³/min

（3）设备吊装

根据竖井尺寸及场地条件确定悬臂式掘进机下井吊装方案，可采用整机吊装和散件吊装井底拼装方案，若井口小于掘进机整机尺寸，只能采用散件吊装、井底拼装的方案。以徐工 XTR6/260 悬臂式掘进机为例，拆解状态根据现场实际情况确定，掘进机整机拆解完最大散件质量为 9 t，较大件可采用汽车吊吊装下井，其余散件采用现场龙门吊吊装下井，散件组装时采用现场龙门吊配合作业，设备主要零部件示意图如图 6.5 所示，参数见表 6.4。

吊装前，需将竖井底部渣斗仓覆盖，提供机械组装场地，可采用现场 2 m × 6 m 钢板焊接，下部用工字钢支撑，也可直接采用渣土进行回填平整。紧固螺栓的紧固力矩，应符合各部件紧固力矩要求，且应均匀紧固，防止由于紧固不均而造成的偏斜；安装完成后要认真检查各部位螺栓、销子的松动状态，对各种连接件重新检查紧固，最后可用钢丝固定进行防松。

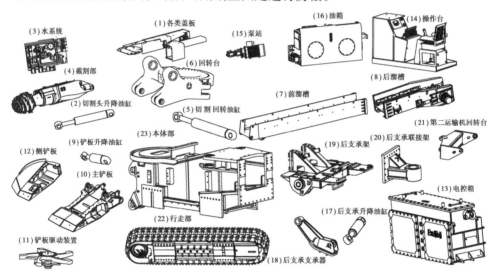

图 6.5　悬臂掘进机各零部件示意图

表 6.4　设备主要零部件参数表

序号	名称	数量	外形尺寸长 × 宽 × 高 /m	质量 /t
1	各类盖板	—	—	—
2	切割头升降油缸	2	1.74 × 0.245 × 0.287	0.4
3	水系统	1	0.703 × 0.7 × 0.89	0.2
4	切割部	1	4.777 × 2.262 × 1.038	18.1
5	切割回转油缸	2	1.713 × 0.219 × 0.252	0.25
6	回转台	1	1.850 × 0.970 × 1.950	6
7	前溜槽	1	4.418 × 0.684 × 0.589	1.3
8	后溜槽	1	2.395 × 0.852 × 0.730	0.7

续表

序号	名称	数量	外形尺寸长 × 宽 × 高 /m	质量 /t
9	铲板升降油缸	2	$0.970 \times 0.278 \times 0.245$	0.2
10	主铲板	1	$3.082 \times 1.400 \times 0.930$	3.0
11	铲板驱动装置	2	$1.642 \times 1.642 \times 0.460$	0.7
12	侧铲板	2	$2.082 \times 1.100 \times 0.478$	0.9
13	电控箱	1	$1.852 \times 0.643 \times 0.757$	0.9
14	操作台	1	$1.638 \times 0.937 \times 0.920$	0.6
15	泵站	1	$2.131 \times 0.660 \times 0.834$	1.3
16	油箱	1	$1.871 \times 0.710 \times 0.979$	0.9
17	后支承升降油缸	2	$1.067 \times 0.219 \times 0.282$	0.2
18	后支承器	2	$1.470 \times 0.723 \times 0.450$	0.5
19	后支承架	1	$2.390 \times 2.560 \times 1.333$	4.9
20	后支承联接架	2	$0.730 \times 0.635 \times 0.310$	0.2
21	第二运输机回转台	1	$0.891 \times 1.220 \times 0.360$	0.56
22	行走部	2	$4.398 \times 0.815 \times 0.929$	9.0
23	本体部	1	$3.755 \times 1.500 \times 1.482$	8.5

（4）测量定位

施工前应进行隧道轮廓定向定位。隧道平直段可采用光指向仪定向；弧线段可采用全站仪在工作面岩壁上定点，喷漆画出隧道轮廓线。光指向仪定向如图 6.6 所示，在已支护段固定几个点（8 个或更多），在固定点上设置红外激光仪，掘进机司机根据红外线定位截割范围，防止超欠挖，每次测量时移动红外定位点。

图 6.6　红外定位示意图

（5）超前物探

在隧洞内安放水平钻机进行水平钻进，根据钻孔资料来推断隧洞前方的地质情况。钻孔数量、角度及钻孔深度可根据设计开挖进尺人为控制。钻进过程中由钻进速度的变化，钻孔取芯鉴定，钻孔冲洗液颜色、气味，岩粉及遇到的其他情况来预报。水平钻孔主要布置在开挖面及其附近，既可在超前导洞内布置钻孔，也可在主洞工作面上进行钻探，用以获得准确可靠的地质资料，确保施工组织顺利进行。该法可获得工作面前方一定距离的岩芯，也可由钻孔出水情况判断前方有无地下水和前方何处有地下水，从而可以得到开挖面前方的地质情况，提前采取应对措施，减少或避免施工中可能遇到的溶洞、塌方、涌水、涌土等地质灾害，以保证设备及人员的施工安全。

（6）超前注浆加固止水

利用超前物探测得开挖面围岩状况，若前方开挖面可能遇到溶洞、塌方、涌水、涌土等地质灾害时，应对开挖面提前进行超前注浆加固、止水，注浆前在类似地质条件下的地层中进行注浆试验，初步掌握浆液填充率、注浆量、浆液配合比及凝结时间、浆液扩散半径、注浆终压等指标。注浆加固范围根据设计图纸确定，注浆工艺参照矿山法区间注浆工艺。

（7）局部补注浆及疏水

隧道初支完成后，初支表面出现渗水，可采用局部补注浆方案。注浆孔口间距 1~1.5 m，单孔扩散半径 2 m，注浆孔与出水裂隙面尽量大角度相交，注浆压力控制在 0.1~0.3 MPa。注浆材料采用纯水泥浆液，水灰比 1：1 或根据现场注浆效果确定。注浆完成后，加止浆塞止浆，止浆塞胶圈尺寸应与注浆孔径相配。

隧道开挖完成后，开挖断面截断原有大股水流通道时，应采取"以疏为主"的原则，避免封堵、改变其流通通道，并根据通道与隧道开挖断面的位置关系及股水流量，采用不小于其流量的 PVC 管（外套钢管），沿隧道开挖线外缘分别连通被截断的进、出水口，并做好管口连接点的密封，连接管与隧道初期支护外缘间应有不小于 5 cm 的喷射混凝土层。当水流通道断面过大时，可考虑其他疏排措施。

（8）上台阶掘进开挖

若隧道断面尺寸小于掘进机开挖高度，可一次成型不需要分上下台阶施工。若隧道断面尺寸大于掘进机开挖高度，需要分上下台阶施工，分界处需和格栅钢架连接处相匹配。悬臂式掘进机就位后，开始从掌子面底部水平切削出一条槽，向前移动掘进机再一次就位，就位后截割头采取自下而上、按 S 形或 Z 形左右循环向上的截割路线逐级切削，单次切削进尺可根据围岩情况具体确定，围岩单轴抗压强度 60 MPa 以上时，为减少截齿损耗，单循环切削进尺可控制在 20~30 cm，在切削同时铲板部耙爪将切削下来的渣装入第一运输机，第一运输机转运至第二运输机，第二运输机直接装入出渣车运出洞外。

从底部开挖到顶部完成后，进行二次修整以达到准确的设计断面，如遇节理发育较好的岩石，选择沿岩石节理方向逐步截割，不应横断层理；如遇局部强度较高的岩石，应先截割强度低的岩石，后截割强度高的岩石，即先软后硬的程序；如遇大面积强度较高的岩石，可选用小直径截割头，截割力大，破岩能力强，以降低掘进难度及截齿消耗量。

施工前应进行隧道轮廓定向定位，采用喷漆画出隧道开挖轮廓线，另外，如果操作手不能熟练自如地操作掘进机，所掘出的断面形状和尺寸与所要求的断面会有一定差距。当掘进较软的围岩时，所掘出断面的尺寸往往大于所要求的断面尺寸，这样会造成掘进时间的延长，以及支护材料的浪费。在掘进较硬的围岩时，所掘断面尺寸往往小于设计断面尺寸，此时，需要对断面进行修边处理，修边时应控制切削厚度，控制不当会造成超挖、增加工序时间等现象。因此，操作手操作熟练程度是开挖断面效果的主要因素，要求操作者既要熟练掌握操作技术，又要了解工作面的具体情况。

开挖断面需满足当前格栅钢架尺寸，留取仰拱拱底格栅钢架做二次开挖处理，上台阶开挖完成后，及时对开挖面进行施作初支施工。受作业面限制，掘进机每循环开挖完成后，掘进机将作业台架挪动至掌子面处，掘进机退至距掌子面 10 m 范围靠近边墙位置停放，让出初支作业空间。然后由人工将每单元格栅钢架抬至掌子面处，再在作业台架上进行挂网、立架、喷混作业。

（9）下台阶掘进开挖

上台阶掘进完成后进行初支作业，掘进机后退对下台阶进行开挖，开挖方法参考上台阶开挖方法。下台阶开挖完成后，掘进机往掌子面方向前进，让出已开挖下台阶作业面，进行仰拱清底、初支作业。仰拱初支封闭成环后，待初支面达到初凝后，对仰拱进行回填作业，作为施工通道。

（10）洞内出渣

切割岩石时，岩渣落在掘进机收集铲板上，收集铲板上的圆盘耙爪连续运转，将岩渣装入掘进机自带的中部运输机，中部输送机将岩渣转运至掘进机尾部，由在掘进机尾部的挖掘机配合渣土车外运。若第二运渣机不受隧道净空限制，则岩渣可直接装车外运。

（11）质量控制

①开工前，技术人员认真学习施工规范，熟悉审核图纸。开挖轮廓线以设

计开挖轮廓线为基准，考虑围岩变形量、施工误差和测量贯通误差等因素适当加大，严禁欠挖。

②开挖后及时进行初期支护。隧道通过围岩较差地段时，支护紧跟开挖，尽快封闭，对围岩形成约束。

③隧道开挖断面的中线和高程必须符合设计要求。每一开挖循环检查一次。

④道开挖应严格控制欠挖，项目部管理人员应采用自动断面仪等仪器测量周边轮廓断面，绘断面图与设计断面核对。

⑤洞身开挖中，应在每一次开挖后及时观察、描述开挖面地层的层理、节理、裂隙结构状况、岩体的软硬程度及出水量大小等，核对设计地质情况，判断围岩稳定性。

⑥编制施工方案，要求科学、合理、详细、符合现场实际，并严格执行三级交底制，保证管理人员、工人明晰施工细节和注意事项。

⑦现场施工严格按照编制的施工方案执行，并严格执行三检制度（自检、专检、交接检），上一道工序经验收合格后方可进入下一道工序。

⑧施工涉及的工程材料均需进行配合比试验，并根据实际施工条件进行施工模拟，以确保实际使用效果。

⑨原材料进场需进行验收，证书需齐全，并根据规范要求送第三方单位检测，检测合格后方可使用。

⑩定期对机械设备及管路系统进行维护保养，确保各系统处于良好运行状态。

⑪选择有专业资质的分包队伍施工，保证施工质量。

⑫严格控制开挖进尺，Ⅲ级围岩开挖进尺不宜大于 5 m，Ⅳ级围岩每次开挖进尺不宜大于两榀格栅钢架（2.4 m），Ⅴ级围岩每次开挖进尺不宜大于两榀格栅钢架（1.5 m）。

（12）安全措施

①建立完善的施工安全保证体系，加强施工过程中的检查和控制，确保安全生产。

②编制安全专项施工方案，分析施工中存在的安全隐患，并制定应对措施。对管理人员、工人进行全员安全培训和安全技术交底。施工现场的安全设施应遵守相关安全施工技术规程和劳动安全管理条例。

③现场安排专职安全员监督旁站，排查可能存在的施工隐患，制止可能产生危险的施工行为。

④氧气、乙炔瓶应按规定摆放使用，使用气焊、气割动火作业时，乙炔瓶

应直立放置，氧气瓶与乙炔气瓶间距不应小于 5 m，二者与动火作业地点不应少于 10 m。

⑤司机必须经专门培训并经考试合格后，方可持证上岗。司机必须熟悉机器的结构、性能、动作原理，能熟练、准确地操作机器，并懂得一般性维护保养和故障处理知识。

⑥必须坚持使用掘进机上所有的安全闭锁和保护装置，不得擅自改动或甩掉不用，不能随意调整液压系统、雾化系统各部的压力。

⑦液压管路、雾化系统管路的管接头应无破损、泄漏，防护装置应齐全可靠。将所用延长的电缆、水管沿工作面准备好，悬吊整齐，拖拉在掘进机后方的电缆和水管长度不得超过 10 m。

⑧掘进机运行时，严禁人员在截割臂下停留和穿越，机身与煤岩壁之间严禁站人。掘进机司机必须注意机身前后左右工作人员和自身的安全，掘进机后退时，必须提前通知机子后边的人员，待人员全部撤离至掘进机后退范围外的安全地点后，方可退机。

⑨切割头截齿、齿座应完好，发现有掉齿或严重磨损不能使用时，必须断开掘进机电气控制回路开关，打开隔离开关，切断掘进机供电电源，并在停电开关箱上挂停电牌后再进行更换。

⑩隧道找顶必须在通风后进行，并由专人指挥，照明应有充足的光照度；找顶后必须进行安全确认，合格后其他作业人员方可进入开挖工作面作业。

⑪施工作业台架应牢固可靠，四周应设置安全栏杆、安全网和上下工作梯，经验收合格后方可使用。

⑫洞内由条件是可采用 ϕ 800 mm 的钢管逃生作为通道，壁厚 6 mm，每节管长 5 m，距掌子面距离不得大于 20 m，管内预留工作绳，以利于险情后逃生。

⑬装渣作业应规定作业区域，严禁非作业人员进入。装渣与卸渣作业应由专人指挥，作业场地的照明应满足作业人员安全操作的需要。

⑭运输车辆不准超载、超宽和超高运输。进出隧道人员必须走人行道，不得有机械抢道。运输线路或道路应保持平整、畅通，并设专人按标准规定的要求进行维修和养护。

⑮锚孔钻进作业时，应保持钻机及作业平台稳定牢靠，除钻机操作人员外还应安排至少一人协助作业，作业人员应佩戴安全带、安全帽、防护眼罩等防护用品。

⑯在操作钢加工机械时，非专业人员不得操作其机械，专业操作人员在操作前须先检查其机械的性能状况，经检查无误后，方可进行操作，操作时严格遵循其操作规程。

⑰在进行相关焊接处，电焊操作人员除按照其操作规程操作外，并注意其防火，保证其附近无易燃、易爆等危险物品。在要进行氧气、乙炔切割时，需在相关管理部门办理动火手续。

⑱钢架节段及钢架之间应及时连接牢固，钢架安装完成后应及时施作锁脚锚杆（管），并与之连接牢固，钢架底脚严禁悬空或置于虚渣上。

⑲喷射混凝土作业人员应佩戴防尘口罩、防护眼镜等防护用具，并避免直接接触液体速凝剂，若不慎接触后应立即用清水冲洗。

6.1.5　资源要素配置

①区间隧道施工主要材料配备见表 6.5。

表 6.5　区间隧道施工主要材料配备

序号	材料名称	规　格	备　注
1	钢板	参照竖井尺寸	覆盖竖井底部渣仓
2	工字钢	参照竖井尺寸	覆盖竖井底部渣仓
3	小导管	设计要求	超前注浆
4	水泥	设计要求	超前注浆、补注浆、初支
5	水	设计要求	超前注浆、补注浆、初支
6	止浆塞	参照注浆孔径	补注浆
7	钢筋	设计要求	初支钢拱架
8	钢板	设计要求	初支钢拱架
9	锁脚锚杆	设计要求	初支钢拱架
10	石子	设计要求	初支
11	砂	设计要求	初支
12	高压水	常温水，水质 pH6~8	降温、除尘

②区间隧道施工主要施工机械、机具见表 6.6。

表 6.6　区间隧道施工主要施工机械、机具

序号	名称	规格 / 型号	数量	单位	备　注
1	汽车吊	100T	1	辆	设备吊装
2	龙门吊	20T	1	台	设备吊装
3	移动箱式变压器	1140 kVA	1	台	掘进机动力
4	铜线电缆	供电局要求	变电站 – 竖井距离 + 竖井		连接变电站 - 变压器

续表

序号	名称	规格 / 型号	数量	单位	备注
5	铜线电缆	MYP–0.66/1.14 –3×95+1×25	≤ 500	m	连接变压器 – 掘进机
6	高压水泵	15 kW	1	台	提供施工高压水
7	高压水管	Φ50	接至各掌子面		提供施工高压水
8	风机	根据区间长度、断面尺寸计算	1	台	洞内通风
9	硬风管	φ1000 镀锌铁皮	风机 – 竖井底部		洞内通风
10	软风管	φ800PVC 增强维纶	接至距各掌子面 8 m		洞内通风
11	空压机	20 m³	1	台	为除尘设备提供高压风
12	除尘风机	50 kW	1	台	抽排灰尘
13	除尘风管	Φ1.0	200	m	收集灰尘
14	涡轮除尘器	35 kW	1	台	集中处理灰尘
15	雾泡机	7.5 kW	根据扬尘要求		处理剩余灰尘
16	污水泵	7.5 kW	1	台	抽排产生的废水
17	激光定位仪	500 m	7	个	固定开挖轮廓线，控制超欠挖
18	悬臂掘进机	EBZ260	1	台	掘进开挖
19	挖机	1.0 m³	1	台	清渣、出渣
20	渣土车	机动翻斗车	2	辆	出渣、洞内运输
21	混凝土搅拌机	根据施工用料需求	1	座	初支拌料
22	混凝土喷射机	20 m³/min	1	台	初支喷浆
23	灰浆搅拌机	JS750	1	台	注浆制浆
24	单液注浆泵	SYB50/50	1	台	注浆
25	双液注浆泵	KBY–50/70	1	台	注浆
26	悬臂掘进机	EBZ260	1	台	掘进开挖

6.2　轨道线路区间叠线段施工与支护方法

6.2.1　工程概况

重庆轨道交通 9 号线一期工程江北城站—五里店站区间位于重庆市江北区，

区间南接江北城站，北接五里店站，整个区间分为明挖段和暗挖段，其中暗挖段长 507.024 m，明挖段长 43.11 m。区间隧道下穿重庆轨道交通 6 号线和重庆轨道交通环线，且重庆轨道交通 6 号线和重庆轨道交通环线已建设，处于运营阶段，工程特点处于轨道区间叠线施工，如图 6.7 所示。

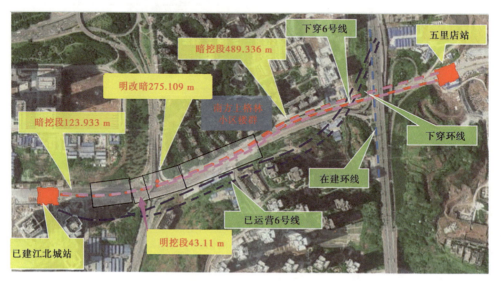

图 6.7　江北城站—五里店站区间隧道平面布置图

区间隧道地层岩性、地质构造、水文地质条件如下。

（1）地层岩性

区间隧道场地地貌宏观上属构造剥蚀浅丘地貌，该段斜坡地形总体东高西低，斜坡坡角 25°～35°，坡向与线路走向近于垂直，原始地面高程 210~230 m。根据地勘报告，出露的地层由上而下依次可分为第四系全新统（Q_4^{ml}）和侏罗系中统沙溪庙组（J2s）沉积岩层。

①第四系全新统填土层（Q_4^{ml}）：素填土（Q_4^{ml}），杂色，多为紫褐色，以黏性土夹砂岩、泥岩碎（块）石为主，块碎石粒径一般为 20~500 mm，块碎石含量一般为 30%~50%，结构稍密，稍湿，填埋一般约 10 年，厚度差异较大，厚度一般 4~10 m；粉质黏土（Q_4^{el+dl}），褐色、灰褐色，可塑，稍有光滑，摇震反应无，残坡积成因，厚度 0~2.0m，该层在素填土层之下呈零星分布。

②侏罗系中统沙溪庙组（J_{2s}）：砂质泥岩，紫色、紫红色，粉砂泥质结构，中厚层状构造，主要矿物成分为黏土质矿物。表层强风化带一般厚度为 0.50~2.50 m，强风化岩心呈碎块状，风化裂隙发育。中—微风化岩心呈柱状、长柱状，裂隙不发育，完整性较好，是场区内的主要岩层，在沿线沙溪庙组岩体中约占 90%。

（2）地质构造

岩层呈单斜产出，岩层倾向 115°，岩层倾角 22°，地应力条件简单，应力水平极低，区内无断层，地质构造简单。基岩内裂隙发育程度为较发育，岩体呈层状结构。主要发育两组构造裂隙：

①J1：倾向 265°~280°，倾角 60°~75°，为软弱结构面，裂隙微张，宽度一般为 5~20 mm，局部宽度超过 40 mm，结合程度差，多为黏性土充填，裂面较平直或微弯曲，延伸 5~8 m，间距 1~3 m/ 条，结合较差。

②J2：倾向 190°~200°，倾角 75°~85°，为硬性结构面，裂隙微张—闭合，一般钙质充填，裂面平直，延伸 3~4 m，间距 0.5~2 m/ 条，结合一般。

（3）水文地质条件

区间设计轨面标高 209.986~213.341 m，地下水位标高在 211~216 m，施工时根据现场实际情况及时调整。场地地下水的赋存条件、水理性质及水力特征分为两种类型：松散层孔隙水、基岩裂隙水。

①松散层孔隙水：主要赋存于第四系全新统的残坡积层和人工填土层孔隙中，分布在自然的沟谷地段，为上层滞水。地下水的水位、水量均呈明显的季节性变化特征，动态幅度大。

②基岩裂隙水：基岩裂隙水主要赋存于侏罗系中统的上沙溪庙组（J_{2s}）地层的风化裂隙和构造裂隙中，包括风化裂隙水和构造裂隙水。风化裂隙水分布在浅表层基岩强风化带中，为局部上层滞水或小区域潜水，受季节性影响大，动态不稳定。

6.2.2 施工工艺流程

江北城站—五里店站区间隧道结构为双层单洞单线直墙拱形断面，如图 6.8 所示。暗挖段隧道采用机械开挖施工，隧道围岩分类为 VI_C、VI_D 两种类型，采用台阶法 + 临时支撑开挖。

明挖基坑小里程开挖至隧道顶部标高时暂停基坑开挖，施作断面进洞管棚，待管棚注浆完成后继续向下开挖至上台阶底部标高，进洞开挖 VI_C 型、VI_D 型断面右部上台阶，并施作中隔壁，进洞不小于 5 m 后，同步开挖左上节，上台阶开挖完成后施作竖向洞内桩及桩顶钢筋混凝土冠梁。待冠梁达到设计强度后，在冠梁上方设置 ϕ609 钢管桩（t=16 mm），钢管桩上部设置工字钢横梁与隧道初支相连，钢筋混凝土冠梁两侧设置 ϕ609 钢管支撑。横撑架设完成后依次进行中、下台阶开挖，并及时完成支护。洞内桩、钢管桩、钢筋混凝土冠梁及钢管横撑等到衬砌结构中板完成且达到设计强度后进行拆除。

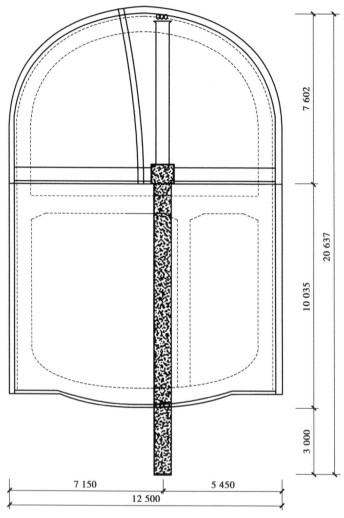

图 6.8　双层单洞单线直墙拱形隧道断面

（1）隧道施工工艺流程

开挖及初支施工工艺流程：找顶→机械清危→人工清危→复核及确认开挖断面→初喷混凝土封闭掌子面及拱墙→挂设钢筋网→架立钢架→锚杆施工→复喷混凝土，工艺流程如图 6.9 所示。

（2）隧道开挖施工

按照设计要求，根据现场地质情况以及周边建筑物影响等因素，本区间采用机械开挖，VI_C 型、VI_D 型断面采用炮机 + 切割机开挖，每次开挖进尺不得大于 1 榀，左右两侧纵向间距应拉开一定距离，一般为 15~20 m，可根据现场适当调整；各台阶纵向间距应保持在 5~10 m，中隔壁在支撑体系完成后拆除，及时进行混凝土施工，二衬与下台阶掌子面距离不大于 12 m。

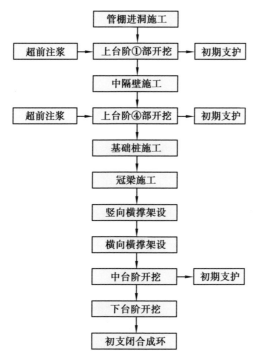

图 6.9　暗挖隧道施工工艺流程图

（3）技术参数

VI$_C$ 型、VI$_D$ 型断面开挖方式采用三台阶法（上台阶分三步开挖）+ 临时支撑开挖，在 VI$_C$ 型、VI$_D$ 型断面下部设置直径 0.6 m 的洞内桩，纵向间距 6.737 m，嵌入隧道底部 3 m，洞内桩顶部施作 1 m×0.8 m 钢筋混凝土冠梁，冠梁上方根据洞内桩位置设置 ϕ609 钢管桩（t=16 mm），钢管桩上部设置工字钢横梁（5 榀 25b 工字钢），工字钢横梁与隧道初支采用水泥砂浆填充密实。钢筋混凝土冠梁两侧设置 ϕ609 钢管支撑（t=16 mm），纵向与钢管柱同间，如图 6.10 所示。

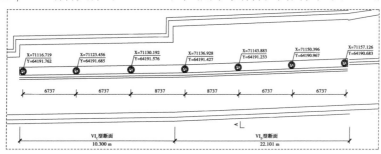

图 6.10　区间隧道纵断面洞内桩平面布置

（4）施工方法及操作要求

①隧道开挖前采用地质雷达进行扫描，采用钻孔超前探测，钻孔孔径50 mm，钻孔长度20 m，近距离验证超前物探成果。

②按照设计要求，根据现场地质情况以及周边建筑物影响等因素，本区间采用机械开挖，拟采用炮机进行开挖施工。

③操作要求：

a.隧道开挖时，作业人员应保持必要的安全操作距离，并设专人指挥。

b.隧道找顶在通风后进行，由专人指挥，照明应有充足的光照度；找顶后进行安全确认，合格后其他作业人员方可进入开挖工作面作业。

c.隧道在开挖下一循环作业前，必须对照设计检查初期支护施作情况，确保施工作业环境安全。

d.开挖前，专业人员对开挖作业面安全状况和作业人员安全防护进行检查，及时消除各种安全隐患。

e.开挖作业中应注意观察开挖工作面有无漏水、气体喷出、围岩变化等情况。

f.严格按照"管超前、严注浆、短开挖、强支护、快封闭、勤量测"十八字方针施工。

g.上台阶开挖完成后及时施工洞内桩及钢管撑，中、下台阶开挖过程严禁触碰钢管撑及洞内桩，钢管撑、洞内桩周边开挖采用人工清除。

h.开挖过程应加强洞内桩、钢管撑及隧道初支护的监控量测，并及时进行对比分析。

④见底时端部开挖施工注意事项：

a.基础桩周边30 cm范围内采用人工凿除，不得采用大型机械开挖，以减少对洞内桩基础的扰动。

b.台阶下部开挖后，必须及时安装下部钢架并喷射混凝土，严禁拱脚长时间悬空。

c.仰拱开挖应控制一次开挖长度（不大于3 m），且左右侧分幅开挖，一边完成支护后方可开挖另一侧，全部开挖后应立即施作支护，封闭成环。

6.2.3 支护方法

区间暗挖段隧道结构为双层单洞单线直墙拱形断面，隧道埋深为10~16 m，隧道围岩分类 VI_C、VI_D，两种类型支护设计见表6.7。洞内支撑施工参数：在 VI_C 型、VI_D 型断面下部设置直径0.6 m的洞内桩，纵向间距6.737 m，嵌入隧道底部3 m，洞内桩顶部施作1 m×0.8 m钢筋混凝土冠梁，冠梁上方根据洞内桩位

置设置 ϕ609 钢管桩（t=16 mm），钢管桩上部设置工字钢横梁（5 榀 25b 工字钢），工字钢横梁与隧道初支采用水泥砂浆填充密实。钢筋混凝土冠梁两侧设置 ϕ609 钢管支撑（t=16 mm），纵向与钢管柱同间。

表 6.7　双层单洞单线直墙拱形隧道支护参数

序号	围岩分类	超前支护	拱架	二衬
1	VI$_C$	ϕ42 超前小导管（拱部）L=4.5@0.8 m×1 m（外插角 45°）；ϕ42 超前小导管（拱部）L=4.5@0.4 m×2 m（外插角 10°）系统锚杆：Φ22 砂浆锚杆 L=4 m@1 m×1 m	I22b 钢拱架 0.5 m/榀；钢筋网 ϕ8@200 mm×200 mm；C25 喷射混凝土 300 mm 厚；拉结筋 ϕ22@1 m；中隔墙I20b 钢拱架 0.5 m/榀，240 mm C25 喷射混凝土钢筋网 ϕ8@200 mm×200 mm，L=2@1 m×0.5 m	C40P10 钢筋混凝土 600 mm 厚
2	VI$_D$	ϕ42 超前小导管（拱部）L=4.5@0.8 m×1 m（外插角 45°）；ϕ42 超前小导管（拱部）L=4.5@0.4 m×2 m（外插角 10°）系统锚杆：Φ22 砂浆锚杆 L=4m@1 m×1 m	I22b 钢拱架 0.5 m/榀；钢筋网 ϕ8@200 mm×200 mm；C25 喷射混凝土 300 mm 厚；拉结筋 ϕ22@1 m；中隔墙I20b 钢拱架 0.5 m/榀，240 mm C25 喷射混凝土，钢筋网 ϕ8@200 mm×200 mm，L=2@1 m×0.5 m	C40P10 钢筋混凝土 600 mm 厚

6.2.4　资源要素配置

①隧道施工配备人员 54 人，其中包括项目经理 1 人、总工程师 1 人、生产经理 1 人、安全总监 1 人、工程部长 1 人、专业工程师 1 人、测量工程师 2 人、试验工程师 1 人、安全员 2 人、施工人员 30 人、特种作业人员 13 人。

②区间隧道施工需要的相关材料见表 6.8。

表 6.8　区间隧道施工主要材料

项目	子项	材料及规格	数量	单位
超前支护	管棚	ϕ159	3 700	m
	超前小导管	ϕ42 无缝钢管 L=4.5 m	8 694	m
	超前小导管注浆	M30	869.5	m^3

续表

项目	子项	材料及规格	数量	单位
初期支护	喷射混凝土	喷射 C25 混凝土	531.3	m³
	钢筋网	A8 钢筋网 200×200	6.9	t
	系统锚杆	C22 砂浆锚杆	165.29	m
	钢架	工字钢架	132	t
	砂浆锚杆垫板	—	10.3	t
	螺栓	M20	697	套
	纵向连接筋	C22	5.5	t
	锁脚锚杆	C22 砂浆锚杆	8.6	t
	钢支撑	$\phi 609$（t=16 mm）	50.04	t
	工字钢	25b	8.69	t

③区间隧道施工需要的主要机械设备配置见表 6.9。

表 6.9　主要机械设备配置

序号	机械设备名称	设备型号	数量	单位
1	挖掘机	360	2	台
2	地质钻机	2BG	1	台
3	装载机	ZLC50C	1	台
4	出渣大车	15 T	10	台
5	空压机	20 m³	1	台
6	作业台架	标准断面	1	台
7	喷浆车	PZ-7	5	台
8	轴流通风机	75×2 kW	1	台
9	风钻	YT28	50	台
10	发电机	250 kW	2	台
11	炮机	KAT320D 或以上	3	台
12	吊车	8 t	1	台
13	吊车	50 t	1	台
14	出渣车	16 t	5	台
15	搅拌机	JS750	2	台
16	弯拱机	W-220	3	台
17	电焊机	BX1-500	20	台

序号	机械设备名称	设备型号	数量	单位
18	钢筋调直机	6–12	3	台
19	钢筋弯曲机	—	3	台
20	钢筋切断机	—	3	台
21	多功能锯床	—	2	台
22	钢管套丝机	1/2~2 寸	3	台
23	钢筋套丝机	—	5	台
24	注浆机	WYZB–70	3	台
25	制浆机	ZJ–400	3	台
26	污水泵	100WQ–100–35–15	3	台
27	污水泵	150WQ180–20–18.5	3	台
28	等离子切割机	LCK–100	2	台
29	螺旋输送机	$\phi\,219\times 9M$	2	台
30	压滤机	—	1	台
31	气体检测仪	ADKS–4	2	台

6.3 洞内基础桩施工技术

6.3.1 工程概况

重庆轨道交通 9 号线一期工程江北城站—五里店站区间位于重庆市江北区，区间南接江北城站，北接五里店站，沿线依次旁穿轨道交通 6 号线区间、江北城立交桩基、南方上格林小区，下穿道路、轨道交通 6 号线区间、轨道交通环线区间、对山立交等。整个区间分为明挖段和暗挖段，暗挖段左线起止里程为 ZDK16+621.867~ZDK16+745.800、ZDK16+788.910~ZDK17+553.355，长 887.419 m；右线起止里程为 YDK16+621.867~YDK16+745.800、YDK16+788.910~YDK17+553.355，长 888.378 m；明挖段起止里程为 Z（Y）DK16+745.800~Z（Y）DK16+788.910，长 43.11 m。区间左线总长 930.529 m，右线总长 931.488 m。

VI$_E$ 断面（ZDK16+788.910~ZDK16+928.500、YDK16+788.910~YDK17+090.000）、VI$_F$ 断面（ZDK16+928.500~ZDK17+171.991、YDK17+090.000~YDK17+190.000）位于深回填区，为保证隧道的结构稳定性和安全性，在 VI$_E$/VI$_F$ 断面全长度范围内

设置直径 Φ600 mm 钢筋混凝土灌注桩，C40 混凝土，沿隧道中心线纵向间距 1.8 m/2.4 m，嵌入中风化岩 2.4 m。洞内基础桩断面布置如图 6.11 所示，洞内桩平面布置如图 6.12 所示。

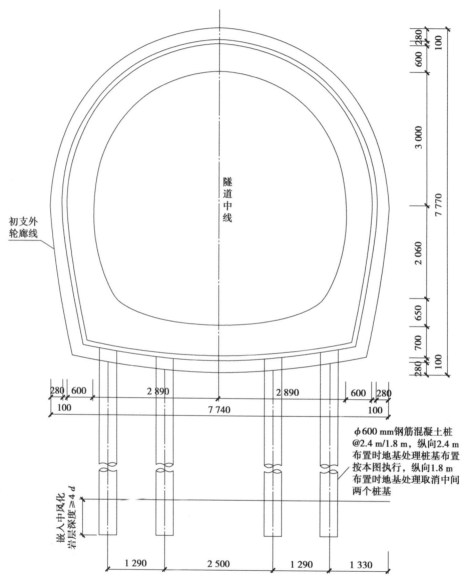

图 6.11　洞内基础桩断面布置

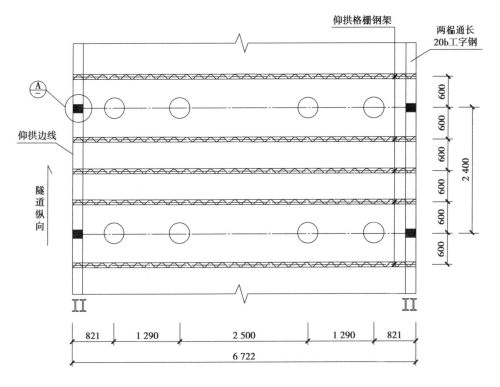

图 6.12　洞内桩平面布置

6.3.2　技术特点及技术难点

（1）技术特点

①有限空间内施工桩基，钻孔渣土及灌桩混凝土需进行多次进行转运，且桩径小，混凝土必须连续灌注。

②小型设备投入数量多，单体成本低，施工场地可最大限度发挥。

③施工过程泥浆采用压滤机处理，环境污染大幅度减小。

（2）技术难点

①成孔难度大。洞内桩施工场地及空间均受隧道开挖空间限制，无法采用大型设备施工，且桩基位于回填土区，塌孔风险大。

②混凝土灌注难度大。桩基口径小，且空间高度有限，导管长度及提升设备、混凝土运输受到极大限制，混凝土灌注质量控制难度较大。

③洞内桩施工场地小，无法开挖常规泥浆池，泥浆处理制约大。

6.3.3 技术流程及操作要点

（1）技术流程

洞内桩施工工艺流程如图 6.13 所示。

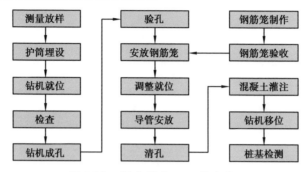

图 6.13　洞内桩施工工艺流程

（2）操作要点

洞内桩施工前，先进行试桩，试桩分别采用 A600 mm 和 A800 mm 钻头各钻一根，根据现场实际的成孔工效和成桩质量，后续过程中选择合适的施工工艺和数据，试桩工艺流程同上。

①桩位测放。

根据控制点和图纸上的坐标点用全站仪极坐标法进行放测桩位，在桩位中心钉钢筋，并用线绳引出护桩，利用护桩控制护筒埋设。成桩时，钻（桩）头就位应正确、垂直；沉桩过程中应随时检测。成桩以线路中线为准，允许偏差为：纵向 ±100 mm；横向 +50/0 mm。垂直度 3‰。

②护筒埋设。

a. 钻孔：用大于设计桩径 100 mm 的钻头，其中心对准测放桩位，进行钻孔，钻孔深度为 2 m。

b. 埋设护筒：吊起护筒放入孔内，利用护桩找出桩位，将护筒中心调至桩中心。要求护筒埋设垂直，并高出地面 500 mm，经测量人员检查校正无误后边填土边捣实至地表。护筒设置位置应正确、稳定，与孔壁之间应用黏土填实，其埋置深度 2 m。护筒埋设完成后及时测量复核护筒位置及垂直度，无误后方可进行下一步施工。

③钻机就位。

a. 首先要平整好护筒周围场地。

b. 钻机就位场地必须稳定可靠。

c. 钻机就位后钻头对准桩位，并利用钻机自身的对中调平系统进行垂直度的调整，要求误差小于 0.1%，并请现场监理进行验收。

④旋挖钻进成孔。

洞内桩因为场地限制，采用 2BG 地质钻机，如图 6.14 所示。

图 6.14　2BG 地质钻机实景

a. 开孔时，应慢速运转。遇孤石等特殊情况，钻进速度要慢，防止地层扰动，造成填土塌孔。提升和下降应匀速缓慢，速度保持在 0.6~0.8 m/s。试桩时应做好地质情况记录及成孔深度时间记录。

b. 入岩控制。当施工将接近该持力层时，钻机每次旋挖进尺会明显困难，每旋一转，进尺在 5 cm 左右时，及时通知监理及工勘单位到现场取样，请其判断，确定岩层性质并留样，经确认后，进行终孔深度的确定，严格按照设计要求的入岩深度进行施工，过程中留样。为保证成孔过程中场地的文明施工及产生的泥浆清理，采用 10 mm 厚钢板焊接成 2 m×2 m×1 m 泥浆箱作为洞内泥浆收集箱，然后通过 7.5 kW 泥浆泵将泥浆抽出隧道。钢板水池内泥浆通过厢式压滤机（XMY1000、2 台）进行处理，并经后续处理达标后排入市政污水管道，如图 6.15 所示。

图 6.15　压滤机实物图

⑤清孔及终孔验收。

成孔后应进行一次清孔，清孔到位后方可提钻，然后下放探孔器和测绳，检测孔深、孔径、垂直度是否满足设计要求，若探孔器不能下到孔底，需再次进行清孔，直到满足表 6.10 要求。

表 6.10　钻孔灌注桩验收标准

序号	检查项目	规定值或允许偏差值	检查方法和频率
1	桩孔中心位置	纵向 100 mm，横向 +50 mm	全站仪：每桩检查
2	孔径	不小于设计桩径	探孔器：每桩检查
3	垂直度	1%	垂线法：每桩检查
4	孔深	+30 mm	测绳 + 铅锤：每桩检查
5	沉渣厚度	200 mm	每桩检查

⑥钢筋笼的制作。

a. 钢筋笼制作流程如图 6.16 所示。

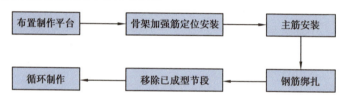

图 6.16　钢筋笼制作流程

b. 钢筋笼平分为两节，分节制作、分节吊装。直径为 0.52 m 的钢筋笼：主筋采用 10 根 HRB400C20 钢筋；加劲箍筋采用 HRB400C16 按间距 3 000 mm 布置；螺旋箍筋采用 HPB300ϕ10 按间距 200 mm 设置（加密区 100 mm）；在骨架外侧设置 C16 限位筋保护层，保护层厚度为（主筋外皮）70 mm，限位筋间距竖向为 3 m，每个断面设 4 个，其大样图如图 6.17 所示。

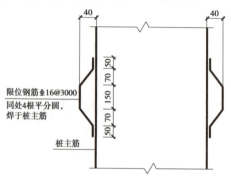

图 6.17　限位钢筋大样图

c. 钢筋下料长度全按图计算，钢筋主材长度为 9 m，根据现场钢筋笼长度下料，每个钢筋笼下料后的多余钢筋按剩余长度不同分类堆放，在下一批钢筋笼加工时，配筋长度优先考虑剩余钢筋进行选配，减少钢筋浪费。

d. 主筋连接采用焊接连接，焊条采用 E55 焊条，单面焊焊接长度大于 10 d（20 cm），同一截面内接头数量不应大于主筋总数的 50%，相邻接头应上下错开，错开距离不应小于 35 d（77 cm）。加劲箍筋采用单面焊接，焊接长度为 10 d，焊缝高度大于 8 mm。加劲箍筋、螺旋箍筋与主筋之间采用点焊，如图 6.18 所示。

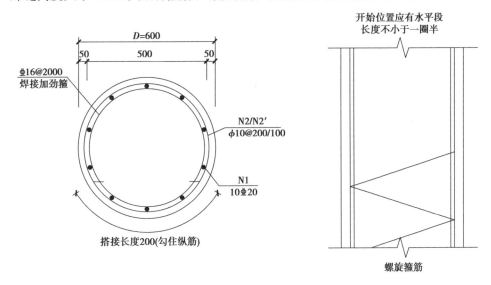

图 6.18 钢筋笼截面示意图

e. 制作时按图纸设计尺寸，放样制作主筋、箍筋，并标出主筋在加劲箍筋圈上的位置，加劲箍筋设在主筋内侧，焊接时使箍筋上任一主筋的标记对准主筋中部的加劲箍筋标记，扶正箍筋，并校正加劲箍筋与主筋的垂直度，然后点焊牢固，主筋全部焊在加劲箍筋上后，将骨架搁于支架上，按设计位置布置好螺旋箍筋，并焊接于主筋上。受力筋的连接接头应设置在内力较小处，并应错开布置。钢筋笼底部 50 cm 主筋稍向内侧弯曲 5° ~10°，钢筋笼顶部主筋需预留 70 cm，以保证混凝土浇筑完成后，桩基主筋伸入仰拱内 35 d（70 cm）。

f. 钢筋笼制作在专用台架上进行，钢筋的间距必须至少采用两个间距定位架来进行定位，禁止工人手扶固定间距，保证其主筋和箍筋的轴线、平顺度和间距符合设计要求；钢筋笼在搬运和吊装时，需做好保护措施避免钢筋笼变形。转运采用装载机及汽车吊，吊点设两个，在吊装过程中应轻吊轻放。

g. 钢筋笼安装前，采用三角撑钢架 +2t 手拉葫芦进行钢筋笼分段分节吊装，当钢筋笼长度过长无法使用三角撑钢架时，在拱顶初支钢架上预留 C25 吊钩，再通过手拉葫芦进行吊装；在钢筋笼吊装时采用两点吊装，带钢筋笼下孔至顶部时用钢管插入钢筋笼内，横担在护筒两侧的枕木上，然后吊起另一半钢筋笼，将两个钢筋笼对接就位后，采用电焊机将两个钢筋笼搭接对焊，再重新将钢丝绳与吊筋吊环用卡环连接，吊起取下钢管，送钢筋笼入孔，最后用钢管穿进吊筋吊环横担在枕木上，进行下导管灌注混凝土施工，钢筋笼严禁直接横担在护筒上。钢筋笼制作长度按单个 4.5 m 控制，钢筋笼制作允许误差和检验方法应符合表 6.11 的规定。

表 6.11　钢筋笼制作质量控制标准

序号	检查项目	规定值或允许偏差值	检查方法和频率
1	主筋间距	±10/mm	尺量：每桩检查
2	箍筋间距	±20/mm	尺量：每桩检查
3	骨架外径	±10/mm	尺量：每桩检查
4	骨架倾斜度	±0.5%	尺量：每桩检查
5	骨架保护层厚度	±20/mm	尺量：每桩检查
6	螺旋筋间距	±10/mm	尺量：每桩检查
7	骨架中心平面位置	±20/mm	尺量：每桩检查
8	骨架长度	±50/mm	尺量：每桩检查

⑦导管安装。

导管采用 0.5 m、1 m、1.5 m 小节拼装，导管提升采用钻机提升三脚架，以满足低净空作业要求。

⑧混凝土浇筑。

a.混凝土灌注，按照水下导管浇筑方式进行施工，接管时先检查导管是否存在破损，若有破损及时更换，导管接头必须按照要求用密封圈连接紧密并涂刷黄油。导管接完后，以距孔底 20~50 cm 为宜，混凝土采用地泵浇筑。

b.计算首批封底混凝土数量，使导管下口埋入混凝土不小于 1 m 深并不宜大于 3 m，确保有足够的冲击能量能够把桩底沉渣尽可能地冲开。该步骤是控制桩底沉渣、减少工后沉降的重要环节。

c.混凝土采用 C40 商品混凝土，单孔混凝土浇筑量较小，浇筑连续进行。在整个浇筑过程中，及时提升导管，使导管埋深在 2~6 m。导管提升时应保持轴线竖直和位置居中，逐步提升。如导管挂在钢筋笼上，可转动导管，使其脱开钢筋骨架后移到钻孔中心。

d.考虑桩顶含有浮渣及浮浆，灌注时混凝土的浇筑面按高出桩顶设计标高 20 cm 控制，以保证桩顶混凝土的质量。

e. 考虑采用干钻法灌注桩基混凝土，灌注过程中，设计桩顶标高以下 3 m 范围内混凝土采用插入式振捣棒进行振捣密实，以保证桩顶混凝土质量。

⑨桩基检测。

桩基检测采用低应变、声波透射法进行检测。

6.3.4 资源要素配置

①隧道施工配备人员 56 人，其中包括项目经理 1 人、技术负责 1 人、生产经理 1 人、安全总监 1 人、商务经理 1 人、工区经理 1 人、工程技术员 2 人、安全员 2 人、钻孔施工 32 人、钢筋笼制作 8 人、抽水班组 2 人、混凝土工 4 人。

②洞内桩施工主要机械设备配置见表 6.12、表 6.13。

表 6.12　钢筋笼制作、吊装设备

序号	设备名称	规格型号	数量	额定功率 /kW
1	钢筋切断机	GJ40A	1	3.0
2	钢筋弯曲机	GW40	1	2.2
3	钢筋对焊机	VN1–125	1	100
4	钢筋调直机	—	1	—
5	电焊条	J502	—	—
6	电焊机	BX–300	5	12
7	二保焊机	—	2	—
8	汽车吊	25 t	1	—
9	钢丝绳	—	2 套	—

表 6.13　成桩机械设备

序号	设备名称	规格型号	数量	单位	额定功率 /kW	生产能力
1	地质钻机	2BG	8	台	27	1 根 /d
2	混凝土浇筑架	—	2	套	—	—
3	混凝土罐车	—	1	辆	—	—
4	装载机	—	1	辆	—	—
5	导管	300 mm	2	套	14 m	—
6	漏斗	—	2	套	—	—
7	测绳	—	1	副	—	—
8	泥浆泵	7.5 kW	4	副	—	—
9	夹具	—	2	副	—	—
10	坍落度筒	—	2	套	—	—
11	压滤机	XMY1000	2	台	2 kW	

6.4 深回填区浅埋暗挖隧道施工技术

6.4.1 工程概况

重庆轨道交通 9 号线一期工程江北城站—五里店站区间位于重庆市江北区，区间南接江北城站，北接五里店站，沿线依次旁穿轨道交通 6 号线区间、江北城立交桩基、南方上格林小区，下穿道路、轨道交通 6 号线区间、轨道交通环线区间、对山立交等。VIE 断面（ZDK16+788.910~ZDK16+928.500、YDK16+788.910~YDK17+090.000）、VIF 断面（ZDK16+928.500~ZDK17+171.991、YDK17+090.000~YDK17+190.000）位于深回填区，为保证隧道结构的稳定性和安全性，隧道开挖采取超前大管棚＋帷幕注浆＋小导管注浆＋环形开挖预留核心土法＋临时仰拱方式施工，如图 6.19 至图 6.21 所示，具体参数见表 6.14、表 6.15。

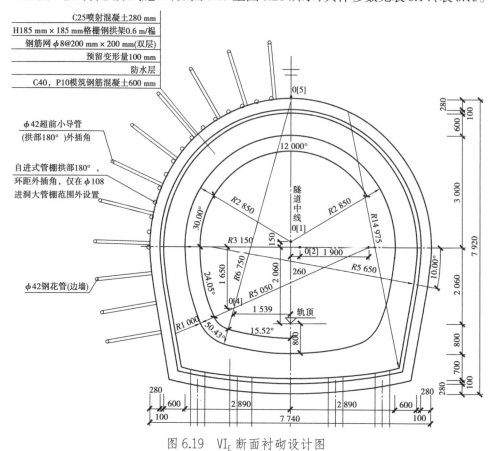

图 6.19 VIₑ 断面衬砌设计图

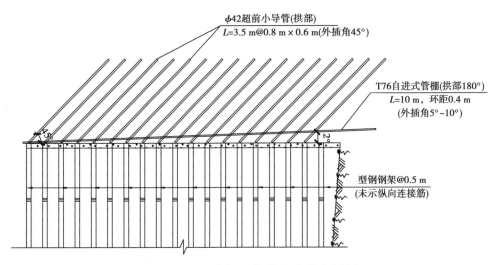

图 6.20　VI$_E$ 管棚 + 超前小导管布置图

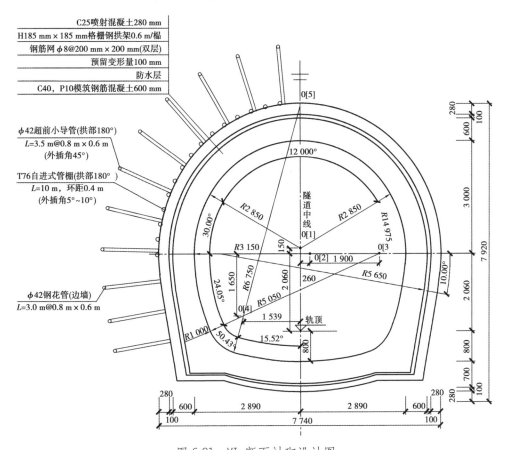

图 6.21　VI$_F$ 断面衬砌设计图

表 6.14　断面里程及长度

序号	围岩等级	里程桩号	长度	开挖方式
左线				
1	VI_E	ZDK16+788.910~ZDK16+928.500	139.590	两台阶 + 预留核心土 + 临时仰拱
2	VI_F	ZDK16+928.500~ZDK17+171.991	243.491	
右线				
1	VI_E	YDK16+788.910~YDK17+090.000	301.090	两台阶 + 预留核心土 + 临时仰拱
2	VI_F	YDK17+090.000~YDK17+190.000	100	两台阶 + 预留核心土 + 临时仰拱

表 6.15　断面支护参数

断面类型	VI_E	VI_F
超前支护	ϕ42 超前小导管（拱部 180°）L=3.5@0.8 m × 0.6 m（外插角 45°）；T76 自进式管棚 L=10@0.4 m（外插角 5°~10°）；系统锚杆：ϕ42 钢花管 L=3.5@0.8 m × 0.6 m	ϕ42 超前小导管（拱部 180°）L=3.5@0.8 m × 0.6 m（外插角 45°）；T76 自进式管棚 L=10@0.4 m（外插角 5°~10°）；系统锚杆：ϕ42 钢花管 L=3.5@0.8 m × 0.6 m
初期支护	H200 mm × 200 mm 格栅钢架 0.6 m/榀；钢筋网 ϕ8@200 mm × 200 mm（双层）；C25 喷射混凝土 280 mm 厚	H200 mm × 200 mm 格栅钢架 0.6 m/榀；钢筋网 ϕ8@200 mm × 200 mm（双层）；C25 喷射混凝土 280 mm 厚
二次衬砌	C40P10 钢筋混凝土 600 mm 厚	C40P10 钢筋混凝土 600 mm 厚

6.4.2　技术特点及技术难点

（1）技术特点

①暗挖区间回填土段，左右线施工不具备同时施工的条件，需先施工左线，后施工右线。

②回填土段隧道施工，采用台阶法 + 预留核心土 + 临时仰拱施工，工序转换频繁，隧道每循环开挖进尺短。

③隧道为全竖井出渣，材料均需多次转运。

（2）技术难点

①穿越深回填区，且地下水位高，隧道自身开挖安全风险极大。

②周边建（构）物密集，上部管线错综复杂，且隧道位于深回填区，地表沉降变形控制难度大。

6.4.3 技术流程及操作要点

VI_E、VI_F 断面在 1#、2# 竖井（图 6.22）及横通道开挖支护并封底完成后组织施工，先以机械配合人工开挖的方式分别从两个竖井往左线大、小里程方向开挖，共计 4 个工作面，待左线 VI_E、VI_F 断面二衬全部施工完成后，回填 1#、2# 竖井至右线仰拱底标高，分别从两个竖井往大、小里程开挖，直至右线大里程全部施工完毕。里程暗挖隧道施工时均以竖井作为施工通道，材料设备吊运、出渣等均通过竖井龙门吊进行垂直运输，人员通过竖井通道进出暗挖段隧道。

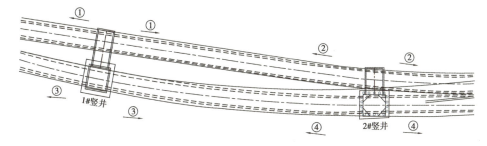

图 6.22　VI_E、VI_F 断面开挖平面示意图

（1）技术流程

总体施工流程如图 6.23 所示。

（2）操作要点

①超前支护。

a. 超前大管棚

VI_E、VI_F 型断面拱部 T76 自进式管棚（外插脚 5°~10°），L=10 m，环距 0.4 m，搭接长度 3 m；棚插入孔内长度不得短于设计长度的 95%；相邻管棚接头必须错开，可增加 2 m 长管节来错开管棚接头；管棚顶到位后，钢管与导向管间隙用速凝水泥或其他材料堵塞严密，以防浆液冒出，堵塞时设置进浆孔和排气孔；注浆量应满足设计要求，一般为钻孔圆柱体的 1.5 倍；若注浆量超限，未达到压力要求，调整浆液浓度继续注浆，确保钻孔周围岩体与钢管周围孔隙充填饱满。

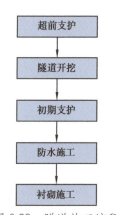

图 6.23　隧道施工流程

b. 超前小导管。

VI_E、VI_F型断面拱部180°、$\phi42$超前小导管，$L=3.5@0.8$ m×0.6 m（外插角45°），浆液采用双液浆。注浆结束后要堵塞密实注浆孔，浆液强度达到70%以上，或4 h后方可进行下循环开挖。

c. 帷幕注浆。

VI_E、VI_F断面掌子面开挖前须进行帷幕注浆，每循环注浆长度14 m，两循环注浆重叠2 m作为搭接，注浆范围为隧道开挖轮廓外3~5 m，注浆顺序为先外圈后内圈，同一圈孔间隔施工，内圈孔采用后退时注浆，外圈采用前进式注浆，如图6.24、图6.25所示。

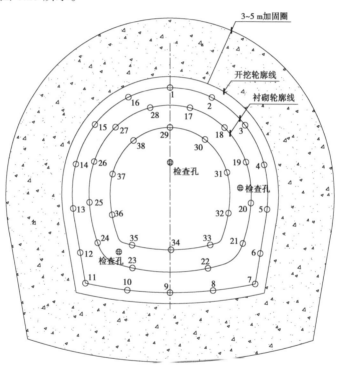

图6.24　掌子面注浆钻孔布置

②洞身开挖。

施工拱部超前支护→上弧形导坑①开挖→上断面初期支护Ⅰ→核心土②开挖并施作临时仰拱→下断面③开挖→下断面Ⅱ初期支护→施作结构桩→施作仰拱及二衬，如图6.26所示。

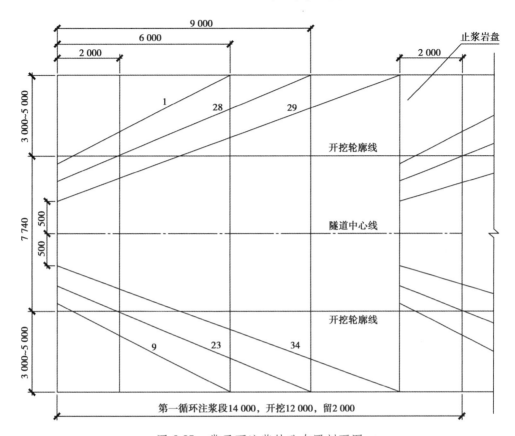

图 6.25　掌子面注浆钻孔布置剖面图

两台阶＋预留核心土＋临时仰拱开挖一次进尺不得大于一榀拱架间距（0.6 m），上下台阶掌子面纵向间距不大于 5 m，原则上初支后应紧跟浇筑二衬，因洞内结构桩工艺，可根据现场监控量测情况，在确保安全的情况下适当调整二衬距离，但二衬距下台阶掌子面不得大于 20 m，如图 6.27 所示；开挖前做好超前支护，开挖时严格按要求预留核心土，开挖完成立即组织初支施工，确保掌子面及开挖断面稳定。

③初期支护。初期支护与其他隧道施工无较大差异，需在上部开挖完成后及时施工临时仰拱。

④衬砌及防排水。衬砌及防排水施工采用台架＋衬砌台车施工。

⑤监测。各监测项目的监测周期、监测频率见表 6.16。

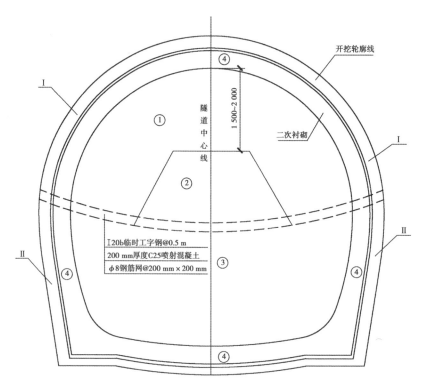

图 6.26　隧道台阶法 + 预留核心土 + 临时仰拱开挖步序

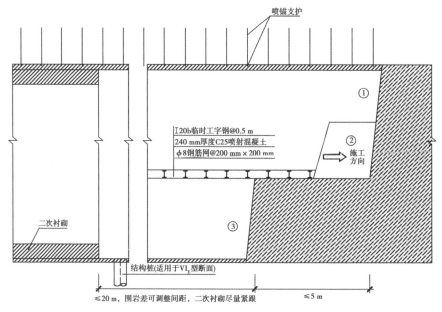

图 6.27　隧道台阶法 + 预留核心土 + 临时仰拱开挖纵断面图

表 6.16　隧道监测频率

序号	监测项目	监测频率
1	轨道交通 6 号线江五区间拱顶沉降及周边地表沉降	1~2 次 / 天
2	轨道交通 6 号线江五区间水平收敛	1~2 次 / 天
3	洞外观察、洞内地质和支护状况观察	每次开挖后及初期支护后进行
4	水平净空收敛	1—15 天为 1~2 次 / 天；16—30 天为 1~2 次 /2 天；1—3 月为 1~2 次 / 周；3 月以后 1~3 次 / 月
5	拱顶下沉	1—15 天为 1~2 次 / 天；16—30 天为 1 次 /2 天；1—3 月为 1~2 次 / 周；3 月以后 1~3 次 / 月
6	地表沉降	开挖面距离量测断面前后 < 2B 时，1~2 次 / 天；开挖面距离量测断面前后 < 5B 时，1~2 次 / 天；开挖面距离量测断面前后 > 5B 时，1~2 次 / 天
7	邻近建构筑物沉降	距开挖面 0—1B 时：1~2 次 / 天；距开挖面 1—2B 时：1 次 / 天；距开挖面 2—5B 时：1 次 /2 天；距开挖面 5B 以上时：1 次 / 周；基本稳定后 1 次 / 月
8	邻近建构筑物倾斜	
9	邻近建构筑物裂缝	
10	围岩内部位移（洞内设点）	1—15 天为 1~2 次 / 天；16—30 天为 1 次 /2 天；1—3 月为 1~2 次 / 周；3 月以后 1~3 次 / 月
11	支护、衬砌内应力、表面应力及裂隙量测	1—15 天为 1 次 / 天；16—30 天为 1 次 /2 天；1—3 月为 1~2 次 / 周；3 月以后 1~3 次 / 月

6.4.4　资源要素配置

①隧道施工配备人员 109 人，其中包括项目经理 1 人、技术负责 1 人、生产经理 1 人、商务经理 1 人、安全总监 1 人、工程技术员 2 人、安全员 2 人、钻孔施工 26 人、衬砌班 12 人、机械队 24 人、抽水班组 2 人、支护班 36 人。

②主要机械设备配置见表 6.17。

表 6.17　主要机械设备配置

序号	机械设备名称	设备型号	数量	单位
1	挖掘机	SY55U-10 小型挖掘机	6	台
2	装载机	ZLC50C	3	台
3	出渣大车	15T	10	台
4	空压机	20 m³	8	台
5	作业台架	标准断面	4	台

续表

序号	机械设备名称	设备型号	数量	单位
6	喷浆车	PZ–7	5	台
7	轴流通风机	75×2 kW	2	台
8	风钻	YT28	50	台
9	发电机	250 kW	2	台
10	炮机	KAT320D 或以上	3	台
11	农用车	6 t	2	台
12	二衬模板台车	标准	3	台
13	防水板作业架	自制	5	台
14	搅拌机	JS750	2	台
15	弯拱机	W–220	3	台
16	电焊机	BX1–500	20	台
17	钢筋调直机	6~12	3	台
18	钢筋弯曲机	—	3	台
19	钢筋切断机	—	3	台
20	多功能锯床	—	2	台
21	钢管套丝机	1/2~2 寸	3	台
22	钢筋套丝机	—	5	台
23	注浆机	WYZB–70	3	台
24	制浆机	ZJ–400	3	台
25	污水泵	100WQ–100–35–15	3	台
26	污水泵	150WQ180–20–18.5	3	台
27	等离子切割机	LCK–100	2	台
28	螺旋输送机	ϕ 219×9M	2	台
29	管道离心泵	TRG80–200A	2	台
30	龙门吊	25 t	3	台
31	汽车吊	50 t	2	台
32	汽车吊	75 t	1	台

第7章 盾构出洞大高差顶升施工方法

盾构机在暗挖车站不具备直接吊运出井的条件，盾构机到达接收洞后，需要在井下完成盾构机的解体、平移、转体等一系列操作，然后由风井吊出，若顶升面存在较大高差，需要对盾体进行顶升操作，增加了盾构机吊运出井的难度。本章提出了盾构出洞大高差顶升施工方法，并成功应用于重庆轨道交通9号线一期工程蚂蟥梁站，为盾构出洞平移、转体、大高差顶升施工积累了宝贵的经验。

7.1 工程概况

重庆轨道交通9号线一期工程TBM盾构机从刘家台站始发，经鲤鱼池站、观音桥站，最终从蚂蟥梁站1号风道吊出。该风道位于蚂蟥梁车站大里程端，出地面位置位于渝澳大道绿化带中，位于TBM区间左线一侧。风道长度为63.8 m，其中直线段29.6 m，垂直段34.2 m。风道埋深约42 m，上部岩层主要为中风化泥岩，上覆土层约5m，竖井深度约52.5 m，风道净宽13.4 m和8.0 m，竖井净宽为13 m×9.2 m，车站底板与风亭底面高差约2 m。盾体在进入风道前需进行一次90°转体，进入风道后还需进行一次90°转体，施工风险高，难度大。

7.2 技术特点及难点

盾构出洞大高差顶升施工方法，主要利用液压千斤顶提供的强大顶力完成盾体平移、转体和顶升等操作，解决了盾构机吊运出井顶升高度大的难题，特点如下。

（1）简单高效

采用液压千斤顶进行盾体平移、转体、顶升的效率更高，克服了空间上的限制，解决了顶升面高差较大的盾体顶升问题，有效提高了盾构吊运出井的效率；液压千斤顶顶升施工工艺简单，现场作业人员容易掌握。

111

（2）效益明显

采用液压千斤顶的方法将盾体顶升 2 m，打破了已有的顶升纪录，为将来更大的顶升高度提供工程经验；降低了施工风险，节约了工期成本，减少了洞内设备，降低了尾气排放量，具有显著的经济效益和环保效益。

（3）技术难点

顶升高度大，突破国内盾构机顶升最大高度，施工安全风险大；盾构隧道施工技术领域尚未有充足的施工经验，对人员技术水平要求高。

7.3 施工工艺流程及工法操作要点

7.3.1 施工工艺流程

盾构出洞大高差顶升施工方法，其施工流程如图 7.1 所示。需要注意的是，图中所示的是靠风亭较近一侧隧道的盾体吊出流程，另一侧类似，只是在盾体完成第一次转体后，需将盾体平移至风亭口再进行顶升。

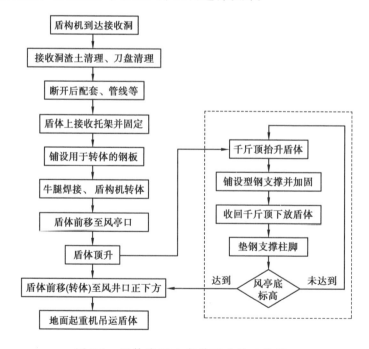

图 7.1 盾构出洞大高差顶升施工流程

7.3.2　工法操作要点

（1）施工准备

①清理场地，为盾体平移、转体、顶升提供足够的空间；

②提前准备好钢支撑柱脚、钢板、焊机、起重机等材料和设备进场；

③液压千斤顶的顶力足够大，牛腿焊接牢固，质量可靠，确保能顺利顶升盾体。

（2）操作流程

①盾构到达接收洞，接收洞渣土清理，刀盘清理，如图 7.2 所示。

图 7.2　盾构机到达接收洞

②盾体与后配套断开，上接收托架，并焊接固定，盾体前移，如图 7.3 所示。

图 7.3　盾体上接收托架并焊接固定

③铺设用于转体的钢板，牛腿焊接、盾构机转体，如图 7.4 所示。

图 7.4　牛腿焊接、盾体转体

④盾体前移至风亭口，盾体顶升，如图 7.5 所示，同时操作 4 个液压升千斤顶不断循环进行抬升、铺设型钢、下放、叠加钢支撑柱脚，将盾体抬升至风亭底面标高。

图 7.5　盾体顶升

⑤盾体前移至风井正下方，地面起重机吊运盾体，如图 7.6 所示。

图 7.6　地面起重机吊运盾体

7.3.3　操作注意事项

（1）液压千斤顶的垫块

由于顶升高度较大，现场加工铁饼平整精度难以控制，且多层垫放后，人工制作误差累积，油缸顶升作用面不平整，导致受力不均，易发生事故，因此，油缸顶升垫块采用工厂统一制作构件，可采用桥梁工程钢筒支撑专用柱脚，柱脚之间可用专用螺旋进行连接，制作精度可得到保证，且可减少现场加工工作量。

（2）铺设顶升平台的材料

盾构顶升平台采用型钢材料，虽适应性较强，但型钢需进行切割加筋，加工量较大，且垫放时，数量较多，工效较低。建议采用其他领域加工成的成品，如租赁桁架、柱脚等，可减少现场加工量及施工时工作量，改善工作环境，且减少资金占用量。

（3）顶升时盾体的角度

对于存在弧形腋角地方的顶升，由于弧形腋角处受力较复杂，为保证盾体达到顶升高度后往前平移时盾体的稳定性，盾体顶升须在盾体转体后，保证盾体轴线与平移通道方向平行时进行顶升。

7.3.4 资源要素配置

材料应遵循"超前谋划、提前预警"原则，提前做好准备，主要施工机械设备应满足盾体平移、转体、顶升的需要，以"先进、经济、实用、安全、环保、节能"的原则进行择优配置。材料及机械设备计划见表 7.1—表 7.4。

表 7.1　材料及机械设备计划表

序号	设备名称	规格型号	数量	单位	备注
1	履带吊		1	台	
2	平板车		6	台	
3	液压泵站		1	台	8 个接口
4	液压千斤顶	200/100、50 T	5	台	1 台备用
5	空压机	0.6 m³/8kg	1	台	
6	液压拉拔扳手		1	套	
7	液压扭矩扳手		1	套	
8	设备桥支撑工装		1	台	自制
9	拼装机支撑工装		1	台	自制
10	顶升平移工装一套		1	套	自制
11	型钢	H200	1 500	m	
12	钢板	3 cm	90	m²	

表 7.2　洞内吊具吊索工具清单

序号	设备名称	规格型号	数量	单位	备注
1	倒链	10T，链长：10 m	2	个	
2	倒链	5T，链长：7 m	2	个	
3	倒链	3T，链长：6 m，3 m	各 4	个	
4	倒链	1T，链长：6 m，3 m	各 4	个	
5	手扳倒链	3T，链长：3 m	2	个	
6	手扳倒链	1T，链长：5 m	2	个	
7	6×61（a）+1-1770型-ϕ60 纤维芯新钢丝绳	5 m	6	个	
8	吊带	10T，长：6 m	8	个	
9	吊带	5T，长：6 m	16	个	
10	吊带	3T，长：6 m，3 m	各 10	个	
11	卸扣	弓形 S（6）-BW40 40T	4	个	主驱动吊装
12	卸扣	美制弓形 20 T	4	个	
13	卸扣	美制弓形 10 T	8	个	
14	卸扣	美制弓形 5 T	12	个	
15	卸扣	美制弓形 3 T	12	个	
16	钢丝绳	ϕ16 mm×6 m	6	个	
17	钢丝绳	ϕ16 mm×6 m	6	个	
18	钢丝绳	ϕ20 mm×6 m	6	个	
19	钢丝绳	ϕ30 mm×6 m	4	个	
20	卷扬机	20 t	1		包括滑轮组
21	照明	5 kW	—		
22	定滑轮	直径 100 mm	4	个	

表 7.3　焊接、切割、通风设备清单

序号	设备名称	规格型号	数量	单位	备注
1	气刨设备	630	3	套	
2	乙炔、氧气设备		6	套	
3	电焊机	400	1	台	
4	CO_2 气体保护焊机	40 kW	5	台	

序号	设备名称	规格型号	数量	单位	备注
5	空压机	8 bar	1	台	
6	轴流式风机	5 kW	5	台	

表 7.4　普通工具清单

序号	设备名称	规格型号	数量	单位	备注
1	敲击开口扳手	36、41、42、46、50、55、60、65	1	套	
2	敲击梅花扳手	36、41、42、46、50、55、60、65	1	套	
3	管钳	200、300、450、600、900	1	套	
4	链钳	A300/B900	各 2	把	
5	角磨机		4	把	
6	撬棍	1 200 mm	4	把	
7	风动扳手		2	个	
8	榔头	5 kg	2	个	
9	榔头	2 kg	4	个	
10	橡皮锤		1	个	
11	电工工具		2	套	
12	活动人梯		2	架	
13	小棘轮扳手		2	个	
14	大棘轮扳手		2	个	
15	套筒		1	套	
16	重型套筒		1	套	
17	内六角扳手	英制	2	套	
18	内六角扳手	公制	2	套	
19	内六角扳手	14/17/19/22/30	各 2	把	
20	开口扳手	< 42 mm	2	套	
21	开口扳手	≥ 42 mm	1	套	
22	梅花扳手	< 42 mm	2	套	
23	梅花扳手	≥ 42 mm	1	套	
24	开口扳手	英制	1	套	
25	强光电筒		10	把	

第8章 双线盾构隧道单一竖井整体始发出渣施工方法

目前，土压平衡式盾构机开挖隧道时的渣土输送系统多采用"螺旋输送机＋皮带输送机＋电瓶车＋渣土箱＋龙门吊"的模式，渣土从螺旋输送机输送落在皮带输送机的皮带上，皮带输送机输送到电瓶车上的渣土箱，渣土箱在竖井位置由龙门吊垂直吊运至地面渣土池。在城市建（构）筑物密集区，盾构始发场地狭小，一般双线隧道的两台盾构始发从单一竖井开始，若采用分体始发方式，耗时长，为了缩短工期，需要分别整体始发，由于竖井内布置有横支撑和斜支撑，后配套系统已经连接盾体，常常会占据竖井的大部分空间，使渣土无法从该始发竖井正常吊运至地面，电瓶车也无法通过后方的联络通道，部分项目会采用尺寸适当的小渣斗，从联络通道水平运输达到竖井的另一侧，最后由龙门吊从竖井吊出，但这种单车道的方式出渣占用时间多，吊运频率高，溅出的渣浆容易污染隧道内的环境，整体施工效率低，电瓶车在隧道水平运输时容易发生溜车、脱轨等事故，高频次在深竖井龙门吊垂直运输风险极高。

8.1 工程概况

重庆轨道交通9号线一期工程青岗坪始发井—宝圣湖站区间隧道位于重庆市渝北区，线路从青岗坪站引出，沿市政道路服装城大道到达宝圣湖站，区间起止里程为YCK28+567.151~YCK30+325.665，全长1758.514 m，沿线地层以砂质泥岩为主，夹薄层砂岩，线路埋置深度为38.2~70.7 m，其中YCK28+567.151~YCK29+261.507段为钻爆法施工的双线隧道；YCK29+261.507~YCK29+273.507段为单一始发井，YCK29+273.507~YCK30+325.665段采用两台土压平衡盾构施工，在盾构始发段采用了单一竖井整体始发出渣方式，实践表明这种出渣工法能较好地适用于砂质泥岩地层隧道施工。

8.2　方法特点

　　双线盾构隧道单一竖井整体始发出渣施工方法是针对上述问题研究集成的一种出渣方法，主要利用地泵可以在双线盾构隧道复杂线路中运输渣土的特点，解决了双线盾构在单一竖井整体始发阶段，盾体和后配套系统已经占据竖井，导致出渣效率低的问题，其具有如下特点。

　　（1）工艺简单

　　地泵出渣方法工艺简单，施工方便，现场作业人员容易掌握。

　　（2）施工效率高

　　该方法与联络通道 + 小型龙门吊吊运出渣方法相比，相同时间下，地泵出渣工法的效率更高，出渣量约为联络通道 + 小型龙门吊吊运出渣方法的 10 倍，可有效提高盾构整体始发阶段的施工效率。

　　（3）适用范围

　　本方法适用于盾构隧道施工技术领域，尤其涉及一种用于双线盾构隧道单一竖井整体始发出渣的施工工法。

　　（4）工艺原理

　　一种双线盾构隧道单一竖井整体始发出渣方法，出渣所用设备包括出渣机构和吊运机构，出渣机构设有两组，分别为左线出渣机构和右线出渣机构，每组出渣机构包括土压平衡盾构机盾体、螺旋输送机、皮带输送机和溜渣槽，吊运机构包括地泵、电瓶车、渣土箱、龙门吊和渣土池；土压平衡盾构机盾体内设有刀盘和土舱，刀盘的位置设有注水孔，土舱内设有泡沫注入孔，螺旋输送机能够将土舱内的渣土运输至土舱外，皮带输送机用于运输螺旋输送机运输出来的渣土；溜渣槽用于将皮带输送机运输的渣土运输至地泵；地泵的进料口处设有筛网，地泵的出料口连接有泵管，渣土箱位于泵管末端的下方，用于收集泵管运输的渣土，渣土箱位于电瓶车上，龙门吊用于将渣土箱吊运至渣土池，电瓶车位于右线轨道上。

　　（5）经济效益

　　该方法减少了重型机械的投入和使用，降低了施工安全风险，节约了工期及成本，取得了显著的社会和经济效益。

8.3　施工工艺流程和操作要点

8.3.1　施工工艺流程

　　双线盾构隧道单一竖井整体始发出渣施工方法的施工流程如图 8.1 所示。需要注意的是，流程图中的左线是指先始发的隧道，右线是指后始发的隧道，不具体规定双线隧道的左线和右线。

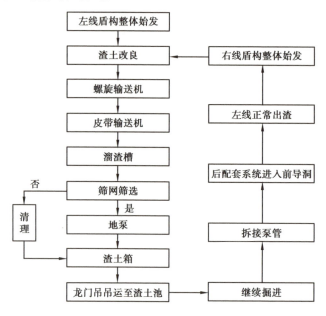

图 8.1　双线盾构隧道单一竖井整体始发地泵出渣流程

8.3.2　操作要点

（1）施工准备

①安装地泵机，如图 8.2 所示，地泵机前端连接溜渣槽，后端连接泵管。

图 8.2　地泵机安装

②地泵的泵管需要准备足够长，保证盾构及后配套系统进洞前可正常出渣。

③提前准备好工人筛选渣土的工具（铁锹等）及筛选出来的碎石放置箱。

（2）操作流程

①双线盾构隧道的左线土压平衡盾构机的盾体和后配套系统先整体始发，盾体上的刀盘切削岩土体的同时，不断地通过刀盘上的注水孔注水，开挖的渣土会落入土舱内，通过土舱上的泡沫注入孔加入水、泡沫剂等改良剂，使渣土具有良好的和易性便于泵送，泡沫剂如图 8.3 所示。

图 8.3　泡沫剂

②改良后的土体经过螺旋输送机输送到皮带输送机，皮带输送机运输渣土如图 8.4 所示。

图 8.4　皮带输送机运输渣土

　　③渣土经由皮带输送机运输至下方的溜渣槽，溜渣槽如图 8.5 所示，再由地泵进料口上方的溜渣槽滑落至筛网进行筛选。筛网筛选渣土如图 8.6 所示，其中溜渣槽的主要作用是提高渣土的筛选效率。粒径大于筛网孔径的渣土，会通过人工处理后运至渣土箱。

图 8.5　溜渣槽　　　　　　　图 8.6　筛网筛选渣土

　　④漏入地泵内的渣土会通过泵管运输至渣土箱内，如图 8.7 所示，渣土箱位于右线轨道的电瓶车上。

图 8.7　地泵将筛网筛选好的渣土泵送至渣土箱

⑤渣土进入渣土箱后，在左线始发井位置，如图 8.8 所示，通过地面龙门吊吊运渣土箱至渣土池，盾构继续向前掘进，人工拆接泵管，如图 8.9 所示，如此循环前进。

图 8.8　龙门吊吊运渣土箱至地面渣土池

图 8.9　拆接泵管

⑥待左线土压平衡盾构机的盾体和后配套系统完全进入前导洞，达到电瓶车正常出渣条件后，类似地，右线土压平衡盾构机开始整体始发，渣土从左线始发井位置吊出至地面渣土池。

8.3.3　操作注意事项

（1）设备问题

地泵长时间使用热量不易散发出去，油温容易升高，在使用前需检查地泵的冷却水是否充足。

（2）掘进速度与泵送速度配合

当皮带输送机出土过快或渣土通过筛网过慢时，渣土满出料斗，应加强震动，增加渣土和易性，若筛网上不能过筛的石头妨碍渣土过筛时应及时清理。当泵送速度跟不上皮带输送机出土速度时，应及时停止泵送。

（3）渣土改良

土舱内主要利用水、泡沫剂改良，泵送工艺要求渣土比渣土箱装土偏稀一些，若渣土较干，可以在螺旋机出口或皮带输送机出口加水，当石头较多时，可以在螺旋机出口加适量膨润土。

8.4　资源要素配置

①材料应遵循"超前谋划、提前预警"原则，提前做好准备，材料计划表见表8.1。

表8.1　材料计划表

序号	名称	数量	单位
1	管片	2 720	环
2	盾尾油脂	334	桶
3	主轴承油脂	96	桶
4	EP2	109	桶
5	泡沫剂	818	桶
6	ϕ100 镀锌管	11 260	m
7	ϕ80 镀锌管	5 531	m
8	盾构刀具	88	把
9	95 电缆	300	m
10	70 电缆	6 393	m
11	35 cm^2 电线	19 178	m
12	25 cm^2 电线	6 393	m
13	16 cm^2 电线	6 393	m
14	管片弹性密封条	2 720	套
15	丁腈软木垫	2 720	套
16	螺孔密封圈	2 720	套
17	自粘新薄板	2 720	套
18	遇水膨胀条	2 720	套
19	胶黏剂	2 720	环
20	管片螺栓	2 720	套
21	风筒	3 632	m
22	43 轨道	11 185	m
23	轨道拉杆	1 864	根

序号	名称	数量	单位
24	轨道夹板	1 864	对
25	轨道压块	20 280	个
26	鱼尾螺栓	7 457	颗
27	始发台	2	套
28	反力架	2	套
29	水管支架	1 877	个
30	路板支架	1 998	个
31	路板	1 988	块
32	电缆挂钩	3 420	个
33	照明电缆挂钩	508	个
34	圆弧轨枕	5 070	个
35	齿轮油	20	桶
36	液压油	80	桶
37	道岔	4	组

②主要施工机械设备应满足盾构掘进及出渣要求，以"先进、经济、实用、安全、环保、节能"的原则进行择优配置。主要施工机械设备见表8.2。

表 8.2　主要施工机械设备

序号	设备名称	型号规格	数量	单位	额定功率	施工部位
1	土压平衡盾构机	φ6885	2	台	1 893 kW/ 台	区间隧道
2	装载机	ZLC50	1	台	156 kW	盾构段
3	箱式变压器	S11-ZBW-800/10	2	台	800 kVA/ 台	临建、办公、盾构施工配套设备使用
4	配电站	10kVA	1	台	7 200 kVA/ 台	盾构施工
5	配电站	10kVA	1	台	3 600 kVA/ 台	盾构施工
6	砂浆搅拌站	JS1200	1	台	120 kW/ 台	盾构施工
7	龙门吊	MG-55t/16T	2	台	135 kW/ 台	盾构施工
8	充电机	KCA01-120/275	2	台	45 kVA/ 台	盾构施工
9	电瓶机车	55 t	4	台	2×132 kW/ 台	盾构施工
10	砂浆车	8 m³	24	台	22 kW/ 台	盾构施工
11	管片运输车	15 t	8	台	–	盾构施工

续表

序号	设备名称	型号规格	数量	单位	额定功率	施工部位
12	通风机	SDF(C)–NO11	2	台	2×55 kW/台	盾构施工
13	发电机	250GF	8	台	250 kW	盾构段
14	电焊机	BX–630	6	台	630 A	盾构段
15	抽水机	IS65–50–125	30	台	5.5 kW	施工排水
16	真空泵	JSJ–60	25	台	—	竖井排水
17	注浆泵	KBY–50/70	22	台	11 kW	注浆施工
18	冷却塔	SRM–80	5	台	2.2 kW	冷却循环水
19	卷扬机	JK–2	10	台	—	盾构段施工
20	叉车	16 t	5	台	—	盾构施工
21	汽车吊	10 t	5	台	—	盾构组装
22	履带吊	400 t	3	台	—	盾构组装
23	混凝土地泵	HBT80C	1	台	132 kW	渣土输送
24	泵管	ϕ 150 mm	若干	台	—	渣土输送

8.5 质量控制与安全措施

（1）质量控制

除执行相关规范、设计施工方案等文件外，还应做好以下两点：

①为保证渣土能够顺利、顺畅运输和泵送，应注意对渣土进行改良，根据渣土的和易性和流动性，在刀盘上的注水孔、土舱上的泡沫注入孔、地泵上的注水环等位置适当注水，在土舱上的泡沫注入孔适当加入泡沫剂。

②做好盾构机、地泵、电瓶车、龙门吊、钢丝绳等设备的维修、保养和更换工作，确保设备能够正常运行施工，避免出现停工、窝工现象。

（2）安全措施

①对参加地泵作业的人员进行岗前的特殊作业培训和相关体检，地泵工作人员必须严格按照相关规范实施操作流程，并严格按操作流程操作。

②由于竖井内布满横支撑和斜支撑，龙门吊起吊渣土箱至地面的过程中，认真操作龙门吊，防止与内支撑相撞发生意外。竖井内支撑如图 8.10 所示。

图 8.10　竖井内支撑

③起重时必须保证渣土不超过龙门吊的最大起重量，避免发生意外。

④在大纵坡隧道段，地泵与电瓶车之间应用铁链进行连接，防止电瓶车溜车造成人员伤亡。

⑤地泵配置急停系统，若出现意外可立即停止地泵运转。

⑥做好对电瓶车司机安全教育，并做好安全交底工作，防止电瓶车伤人，严格控制电瓶车速度。

⑦对参加压气作业的人员进行岗前的特殊作业培训和进行相关的体检；带压进舱作业必须严格按照相关规范实施操作流程，并严格按操作流程操作。

参考文献

［1］周顺华.我国城市轨道交通地下工程的施工技术现状与发展［J］.城市轨道交通研究，2004（2）：34-37.

［2］曾庆元.超大断面浅埋暗挖地铁车站施工技术研究［D］.西安：西安科技大学，2014.

［3］LIU N，WAN Y H，CAO C Y，et al.Innovative solutions for layout planning and implementation of a metro station and its accessory structures in mountainous cities，China［J］.Tunnelling and Underground Space Technology，2022，129：104670.

［4］张恒，李朝旭，魏东，等.超大断面地铁车站暗挖施工优化设计研究：以重庆地铁9号线五里店车站工程为例［J］.隧道建设（中英文），2021，41（S2）：574-581.

［5］李志军，陈章林.浅埋软岩超大断面地铁暗挖车站修建关键技术［M］.北京：人民交通出版社股份有限公司，2019.

［6］刘泉声，彭星新，雷广峰，等.特大断面浅埋暗挖隧道十字岩柱开挖技术模型试验研究［J］.岩土力学，2017，38（10）：2780-2788.

［7］姜封国，白丽丽，宋敏，等.哈尔滨城市地铁大断面隧道施工稳定性分析［J］.吉林大学学报（工学版），2020，50（4）：1419-1427.

［8］李相兵，梁波，鲁思源.考虑多因素影响的双侧壁导坑法施工参数研究［J］.隧道与地下工程灾害防治，2022，4（2）：39-48.

［9］陈林杰，梁波，王国喜.浅埋暗挖超大断面地铁车站隧道开挖方法研究［J］.地下空间与工程学报，2013，9（4）：928-933.

［10］杨小珠.复杂地质条件下的隧道施工探讨［J］.公路交通科技（应用技术版），2019，15（10）：230-234.

［11］喻海军.浅埋特大断面地铁车站暗挖施工关键技术研究［D］.重庆：重庆交通大学，2014.

［12］黄强兵，彭建兵，王飞永，等.特殊地质城市地下空间开发利用面临的问题与挑战［J］.地学前缘，2019，26（3）：85-94.

［13］张文格.再谈隧道三台阶开挖法的适用性［J］.施工技术，2018，47（S1）：637-641.

［14］漆江，谭展.大跨度隧道CD法开挖进尺分析［J］.公路交通科技（应用技术版），2018，14（10）：232-233.

［15］许崇帮.特大跨度隧道工程施工关键技术研究［M］.北京：科学出版社，2021.

［16］朱苦竹，张书强，庄瑞鸿.浅埋软岩大跨度隧道开挖工法研究［J］.沈阳建筑大学学报（自然科学版），2018，34（1）：66-73.

［17］符永星.四面山隧道开挖施工技术研究［J］.公路交通科技（应用技术版），2019，15（2）：180-182.

［18］KALMAN R E. A new approach to linear filtering and prediction problems［J］. Journal of Basic Engineering，1960，82（Series D）：35-45.

［19］朱永全，宋玉香.隧道工程［M］.北京：中国铁道出版社，2005.

［20］张旭东，黄明，王更峰，等.特殊地段盾构法隧道施工技术［M］.北京：人民交通出版社股份有限公司，2021.

［21］赵迎，霍奇，宋战平，等.大跨暗挖车站叠合初支拱盖法施工适应性研究［J］.西安建筑科技大学学报（自然科学版），2019，51（5）：688-694.

［22］吴学锋.土岩复合地层拱盖法施工三维有限元数值模拟［J］.城市轨道交通研究，2012，15（8）：135-138.

［23］晋学辉.红旗河沟大型暗挖车站施工力学研究［D］.重庆：重庆交通大学，2012.

［24］高峰，陈川，徐国，等.地铁车站大断面隧道预留T型岩梁开挖方法研究［J］.公路工程，2019，44（3）：21-26.

［25］周正.地铁车站大断面隧道预留T型岩梁开挖方法研究［D］.重庆：重庆交通大学，2017.

［26］戴润军，陈章林，宋晓，等.微地震技术监测地铁车站T型岩柱施工稳定性［J］.地下空间与工程学报，2018，14（S1）：439-444.

［27］陈章林，王心毅，刘辉，等.重庆轨道交通四号线头塘地铁站围岩压力分析［J］.地下空间与工程学报，2017，13（S1）：34-39.

［28］王霆，刘维宁，张成满，等.地铁车站浅埋暗挖法施工引起地表沉降规律研究［J］.岩石力学与工程学报，2007，26（9）：1855-1861.

［29］许有俊，聂鑫路，魏云杰，等．新建地铁车站上穿既有地铁结构的变形控制［J］．地下空间与工程学报，2016，12（1）：153-161.

［30］程志鹏．特大断面超浅埋暗挖地铁车站隧道施工技术研究［D］．北京：北京交通大学，2009.

［31］KUMAR P.Infinite elements for numerical analysis of underground excavations ［J］.Tunnelling and Underground Space Technology，2000，15（1）：117-124.

［32］郭小红，姚再峰，晁峰．浅埋暗挖地铁车站临时中隔柱法施工技术研究［J］．施工技术，2019，48（7）：57-60.

［33］田明杰，陈行，周鹏发．基于强度折减法的某新建隧道下穿客运专线的稳定性分析［J］．四川建筑，2018，38（2）：111-113.

［34］CELESTINO T B，GOMES R A M P，BORTOLUCCI A A.Errors in ground distortions due to settlement trough adjustment［J］.Tunnelling and Underground Space Technology，2000，15（1）：97-100.

［35］KOVÁRI K.Erroneous concepts behind the New Austrian tunnelling method ［J］.International Journal of Rock Mechanics and Mining Sciences & Geomechanics Abstracts，1995，32（4）：A188.

［36］王梦恕．地下工程浅埋暗挖技术通论［M］．合肥：安徽教育出版社，2005.

［37］赵博．浅埋暗挖特大断面地铁车站施工力学性能及施工工法研究［D］．重庆：重庆交通大学，2020.

［38］王凯．浅埋暗挖地铁车站结构型式和施工方法优化研究［D］．北京：北京交通大学，2016.

［39］卢智强，靳晓光，张艳涛，等．一种扩大拱脚初支拱盖法施工方法：201910787403.8［P］.2021-08-03.

［40］郑邦友，刘聪，雷明锋，卢智强，等．一种用于隧道内钢筋焊接作业的防水板保护装置及方法：201811109478.2［P］.2023-06-20.

［41］卢智强，张艳涛，张志刚，等．一种可调式隧道格栅拱架胎模：201920669121.3［P］.2020-01-07.